JN075114

学生・教員・研究者

に役立つ

進路指導・キャリア教育論

教育社会学の観点を交えて

望月 由起 著

学事出版

はじめに

近代以降の日本社会は、「業績主義」と「職業選択の自由」を備えた社会と言われている。こうした社会では、子どもたちは「(生まれたときには) 何者でもないが、(将来的には) 何者にでもなりうる者」であり、学校という場を通じて「何者かになっていく」のである。

中学生や高校生は大人へと成長していく過渡期にあり、自ら悩み、自問自答しながら、社会における自分の在り方や将来設計を追求していく時期である。彼らにとって、学校における進路指導が教育的な意味を持ち、現実的かつ効果的に行われることは極めて重要である。

同時に学校における進路指導は単に教育的な意味を持つだけでなく、生徒の将来の社会・経済的な地位の達成にも影響を及ぼしうる。現代の日本社会では、習熟度別学級編成などの学校内での教育指導の組織構造も含めて、学校教育システムが社会的選抜の主要なエージェントになっている。特に中学校や高等学校では選抜・配分プロセスが顕在的に進行しており、学業達成を主たる基準として、成人社会の役割構造の中に生徒を選抜・配分する機能を効率的に果たしている。こうした機能により、多くの子どもたちは「何者にでもなりうる者」でありながら、自らの進路選択の機会や範囲を客観的に制約されながら「何者かになっていく」のが現状ではなかろうか。

その一方で、情報技術革新に起因する社会経済・産業的環境の国際化、グローバリゼーションの影響により、日本の成人社会では急速な構造的変化がみられる。今後は、人口減少やIoT (Internet of Things)・AI (Artificial Intelligence) といった科学技術による社会構造のさらなる革新的変化も予想されている。新型コロナウイルス (COVID-19) の影響により、雇用環境や働き方も変化していくだろう。このような変化を視野にいれつつ、従来の進路指導を中核としながらも、生涯にわたって主体的に自らのキャリアを形成するために必要な資質・能力を育成するためのキャリア教育が、今後の学校にはより強く求められている。

こうした状況をふまえて、本書では、学校における進路指導・キャリア教育について、その意義や体制・方法の在り方とともに、歴史的変遷、全国調査からみる現状、多様な視点に基づく理論といった観点からも捉えることにする。進路指導やキャリア教育に関しては「どうあらねばならないのか」という理想論が目立ち、その時々の感覚的・情緒的論拠に基づいて概念的に語られることが多い。しかしそれだけでは抽象的・非現実的な議論となり、実体を伴わない机上の空論になりかねない。

また、学校教育の諸問題への対処の（過度の）「心理主義化」も指摘されている。進路指導やキャリア教育をめぐっても、進路選択が個人の興味や価値に基づく希望によってなされるかのように論じられるきらいがある。しかし先にも述べたように、進路選択は個人の自由意思のみに基づいてなしうるものではなく、学業達成などによる制約や、教育・雇用システムなどの客観的構造の特質にも規定される。こうした制約や特質は主に教育社会学の領域で着目されてきたが、進路指導やキャリア教育について論ずる際には、こうした観点も交えることが必要ではなかろうか。

本書は、進路指導やキャリア教育に関する知識の提供のみを目的とする書ではないないこともお伝えしておきたい。例えば各章に「Exercise」を設けているが、その多くは正解を探し出すだけではなく、自分なりの意見をまとめることを求めている。また、教員を志望する学生だけでなく、現職の教員にとっても有益な内容を取り入れたつもりである。事例もいくつか取り上げているが、安易に模倣したり、「自校の環境や条件と違う」と目を背けるのではなく、事例を参考に、各学校や生徒に合った取り組みを検討していただきたい。十分とは言えないが、進路指導やキャリア教育の研究を志す人への入門書として、視点のヒントも散りばめたつもりである。今後、様々な立場の方々にとって、本書がその目的に合った書となれば幸いである。

本書の刊行に際して、出版を引き受けてくださった学事出版株式会社、とりわけ編集をご担当いただいた二井豪さんには心から感謝申し上げます。

2021年４月

望月 由起

学生・教員・研究者に役立つ

進路指導・キャリア教育論

目　次

はじめに　2

第1章　日本における職業指導・進路指導・キャリア教育の歴史的変遷　7

1　職業指導　8
2　進路指導　11
3　キャリア教育　17

第2章　進路指導の意義と機能　27

1　学校における進路指導の機能　28
2　学校を通じた社会的選抜と進路指導の役割　29
3　学校における進路指導の定義　31
4　進路指導による円滑な移行支援　33
5　進路選択の「主体性」という概念　34

コラム　進路指導に求められる「主体性」と「現実吟味」　35

第3章　進路指導の組織体制と方法　39
1　進路指導の組織体制と教員が果たす役割　40
2　進路指導の６つの教育活動　44
3　進路指導の評価　50
コラム　体験活動における自己調整学習　51

第4章　キャリア教育の意義と機能　55
1　キャリア教育が必要となった背景　56
2　職業観・勤労観を育む教育　57
3　社会的・職業的自立に向けた教育　62
4　日々の教育活動の重要性　66
5　「自己実現」に向けた基礎的欲求や社会正義への着目　67
コラム　「自己実現」と「社会貢献」を両輪としたキャリア教育　69

第5章　キャリア教育を充実させるための方策　73
1　キャリア教育におけるカリキュラム・マネジメント　74
2　家庭や地域・産業界等との連携　80
3　将来起こりうる人生上の諸リスクへの対応　83
4　キャリア教育の組織体制　84
コラム　「自己実現のアノミー」問題とキャリア教育　86

第6章　キャリア教育の今後の方向性　89
1　新学習指導要領（平成29年・30年改訂）が示す「キャリア教育」　90
2　キャリア教育の要となる特別活動　93
3　教育活動全体を通じて行われてきた実践　95
4　今後、推進が期待される取り組み　101

第７章　全国調査からみるキャリア教育の現状　109
1　「キャリア教育に関する総合的研究」の概要　110
2　キャリア教育に関する学習の機会・内容　110
3　高校の管理職のキャリア教育の成果に対する認識　112
4　学級・学年におけるキャリア教育の計画・実施　114
5　職場体験・就業体験に参加した生徒の意見　116
コラム　大学生が振り返る職場体験の意義　117

第８章　大学におけるキャリア教育　121
1　学生の資質・能力の多様化　122
2　キャリア教育推進の背景と経緯　122
3　キャリア教育推進を財政的に支援するプログラム　126
4　キャリア教育科目の開設状況　129
5　大学におけるキャリア教育の課題　131

第９章　進路指導・キャリア教育に関わる基礎理論　137
1　「内的な心理的要因」に関わる理論　138
2　「外的な現実的・環境的要因」に関わる理論　143
3　学校のもつ社会的選抜機能に関わる理論　146

資料編　進路指導・キャリア教育に関連する法規等　153

第１章

日本における職業指導・進路指導・キャリア教育の歴史的変遷

アメリカでは、20世紀初頭より、急速な工業化と都市化の進展に対応して、人的資源の有効な活用と青少年の労働保護を目的とする職業指導運動（Vocational Guidance Movement）が活発に行われるようになった。

本章では、その影響を受けながら発展してきた日本の職業指導・進路指導・キャリア教育の歴史的変遷について、政策文書、学習指導要領、吉田（2005）などを参考にしながら概観していく。

Ⅰ 職業指導

⑴ 職業紹介機関の主導に基づく指導

東京帝国大学教授であった入澤（1915）は、アメリカの「Vocational Guidance」の訳語として「職業指導」という用語を初めて用いて、少年・少女への職業紹介は単なる職業斡旋ではなく、職業の選択や決定に先立っての準備指導であり、日本でも職業指導が重要となることを主張している。

その後、大正６（1917）年に東京府に児童教養研究所が開設され、大正８（1919）年には大阪市立児童相談所が開設されるなど、都市部を中心に、児童に対する職業指導が慈善的な社会福祉事業として始められた。

第一次世界大戦後の不況による失業対策を背景として、大正10（1921）年には職業紹介法が制定され、公的職業紹介制度が発足した。その後、大正14（1925）年に東京府少年相談所が開設されるなど、主要都市には少年・少女に対する職業相談や検査を行う機関が相次いで設立されていった。

このように、当時の職業指導は、経済不況下での職業問題に対する公的・社会的援助といった性格が強く、その主導的な役割を果たしていたのは職業紹介機関であり、学校教育における指導はまだ萌芽の状態であった。

⑵ 学校教育による人間尊重の精神に基づく指導

大正12（1923）年の東京府赤坂高等小学校での指導を契機に、東京や大阪などの都市部の高等小学校で組織的な職業指導がなされるようになったが、学校教育において主体的に職業指導に関心がもたれはじめたのは、大正15（1926）年に東京職業指導研究会が組織化されてからのことである。

少年・少女への職業指導には特別な配慮が必要であるとして、大正14（1925）年に「少年職業紹介ニ関スル件依命通牒」が通知され、小学校卒業後に就職する児童に対しては、職業紹介機関と学校が協力して職業指導を行うことになった。これが、学校に児童の就職への関与を求めた最初の法令である。

その後、昭和２（1927）年に文部省が「児童生徒ノ個性尊重及職業指導ニ関スル件」を訓令として通達し、学校において、各人の個性・環境・資源等に配慮し、卒業後の職業選択または上級学校の選択などに関して適当な指導をなすことが表された。この訓令は、教育の画一主義から個性尊重への指針を示すものとして、学校における職業指導の歴史上画期的なものであり、日本の学校における職業指導の出発点とみなされている。この訓令の徹底と中堅指導者養成のための講習会が毎年２～３回開催されたことが学校教育における職業指導を普及させる契機となり、全国各地の学校で広く職業指導が実践されるようになった。

これらの通牒・訓令により、学校卒業者の就職に関しては、「学校は、児童生徒の個性調査および職業選択に関する指導を行い、その情報を職業紹介機関に伝える」「職業紹介機関は、学校からの情報に基づき、職業紹介を行う」といった役割分担がなされるようになった。その結果として、職業指導は学校の重要な教育活動という認識が強まり、かつての職業紹介機関主導の社会政策的な指導は影が薄れ、人間尊重の精神に基づいた適切な進路を選択させるような指導が主導性を担うようになった。とはいえ、具体的な指針は示されていなかったため、各学校で実践方法を模索しながら進めざるをえなかった。

⑶　国家主義・軍国主義に基づく指導

日中戦争の勃発を契機に、職業指導への期待も大きく転換された。昭和13（1938）年には国家総動員法が公布され、戦争遂行に必要な産業のための労働力の確保や計画的強制配置のために職業紹介法が全面改正されると、学校教育における職業指導に対しても、国家主義的・軍国主義的な性格の強い労務需給調整の機能が求められるようになった。

昭和13（1938）年に訓令として出された「小学校卒業者ノ職業指導ニ関スル件」では、小学校を卒業した児童の職業紹介を国営化された職業紹介機関が実施することを定めるなど、国家の要望に適合した職業指導を要求している。

昭和16（1941）年に出された国民学校令により、従来の小学校を再編して発足した国民学校では、こうした職業指導がさらに強化・具体化された。例えば昭和17（1942）年の文部省通牒「国民学校ニ於ケル職業指導ニ関スル件」では、職業指導を加設科目として認め、高等科１～２年では毎週１時間必修となり、「国民学校職業指導教科書」が使用されていた。

こうして、学校教育における職業指導は国家的要請に沿った形で、厳しい労働統制の下で戦時労働力の選別や配置の手段となり、学校卒業者を各職場に配置することを目的とした指導となった。「職分奉公」「滅私奉公」などが強調されるなど、人間尊重の精神に基づく職業指導は学校教育から姿を消したのである。

(4) 将来の職業活動に対する基礎的な教育指導

第二次世界大戦後、昭和22（1947）年に日本国憲法、教育基本法、学校教育法が相次いで制定されたことにより、教育の制度や理念、指導内容も大きく改革された。その一環として職業選択の自由性が保障され[i]、かつ個人の多様な能力・適性などが十分に評価されるようになり、学校教育における職業指導も、戦時体制下の国家主義的・軍国主義的な指導を払拭し、民主主義の原理に基づき、法的位置づけを伴う本格的な活動として再出発することとなった。

昭和22（1947）年３月には「学習指導要領一般編」（試案）が刊行され、中学校に「職業科[ii]」が設置された。同年10月に刊行された「学習指導要領職業指導編」（試案）では、アメリカの全国職業指導協会の定義を引用し、職業指導を「個人が職業を選択し、その準備をし、就職し、進歩するのを援助する過程」と定義付け、その目標を以下のように掲げている。

(a) 各種の職業および職業人についての理解をもたせること。
(b) 就職および進学の機会についての理解をもたせること。
(c) 労働愛好の精神および態度を養成すること。
(d) 職業および職業生活における研究的態度を育成すること。
(e) 基礎的職業技能および応用の能力を養うこと。
(f) 個性の自覚とその伸長をはかること。
(g) 適当な職業を選択する能力を養成すること。

(h) 適切な相談をすること。
(i) 適切な就職指導をすること。
(j) 適切な輔導をすること。

昭和24（1949）年の教育職員免許法により「職業指導科」は中学校・高等学校の教員免許科目となり、昭和26（1951）年には、文部省から刊行された職業指導の手引書である「学校の行う就職指導」において、以下のように日本独自の職業指導の定義付けをしている。

職業指導とは、生徒の個人資料、進学・就職情報、啓発的経験、相談、斡旋、補導などの機能を通して、生徒が自ら将来の進路を計画し、進学・就職して、更にその後の生活によりよく適応し、進歩するように、教師が教育の一環として援助する過程である。

また、昭和28（1953）年の「学校教育法施行規則等の一部を改正する省令」により、主任職の中では最も早く、中学校と高等学校の職業指導主事[iii]制度が確立した。

このように、学校教育における職業指導は法的位置づけを伴う本格的な活動として再出発したが、「職業指導」という名称のためか、就職斡旋活動あるいは職業教育や技術教育を目的とした活動としてみなされていた。その背景には当時の社会からの要請があり、現実的な問題として職業的知識・技能の教育が学校に求められていたことが大きい。

2 進路指導

(1) 学校教育における「進路」の指導

「進路指導」という用語が学校教育に定着したのは、昭和30年代のことである。昭和32（1957）年の中央教育審議会「科学技術教育の振興方策について(答申)」において、科学・技術教育の振興とともに「高等学校および中学校においては、進路指導をいっそう強化すること」を提起し、「進路指導」という用語が公文書ではじめて使用されている。

以降、学校教育における「職業指導」は「進路指導」と称されるようになった[iv]。当時の文部省は「学校の職業指導と進路指導は、同義語である」と説明しているが、名称変更の背景には、科学技術教育の振興、後期中等教育進学希望者の増加といった社会的変化があり、「職業指導」という用語が学校卒業後に就職を希望する生徒に対する指導や就職斡旋と狭く解釈されることを避けるためのものであった。

先の答申を受け、昭和33（1958）・昭和35（1960）年改訂の中学校・高等学校学習指導要領においても「進路指導」という用語が使用され、学校で行う指導は「職業の指導」ではなく「進路の指導」であることが明示された。田村(1986)によれば、この時期の改革は、「学校卒業時期の進学・就職指導」から、「将来の進路を選択する能力を養う」ことへの目標の重点の移行を図ろうとするものである。

⑵ 学校教育全体の組織的な指導

昭和24（1949）年の文部省通達「新制中学校の教科と時間数の改正について」以来、特別教育活動（後に特別活動）の一環としても職業選択の指導が位置付けられていたが、「職業科」から改訂された「職業・家庭科」が昭和33(1958)・昭和35（1960）年の学習指導要領で廃止されたことにより、進路指導は教科から完全に独立し、学級活動を中心とした特別教育活動の一環として明確に位置づけられた。

教科を中心として組織された学習活動ではないが、教育の一般目標を達成するために重要な学校活動である特別教育活動の中で、進路指導は学校教育全体の組織的な課題となり、教育課程上でも明確な位置づけがなされるようになった。昭和44（1969）・昭和45（1970）年改訂の学習指導要領でも、進路指導は教育課程の全体を通して指導すること、教育活動全体を通しての進路指導を補充・深化・統合する場として特別活動、特に学級活動やホームルーム活動を中心に展開されることが示されている。その後、昭和52（1977）・昭和53（1978）年改訂の学習指導要領では、特別活動の重要性が強調されるとともに、進路指導は学校の教育活動全体を通じて計画的・組織的に行うことが強調され、学校教育における進路指導の位置づけは一層明確なものとなり、指導内容もより具体化した形で示された。

昭和36（1961）年の「進路指導の手引—中学校学級担任編」では、以下のように進路指導を定義付けている。

> 進路指導とは、生徒の個人資料、進路情報、啓発的経験および相談を通じて、生徒みずから、将来の進路の選択、計画をし、就職または進学して、さらにその後の生活によりよく適応し、進歩する能力を伸長するように、教師が組織的・継続的に援助する過程である。

その後、「進路に関心を持たせ、進路の世界への知見を広め、進路の計画をし、実現を図る」という一連のプロセスに対する指導や援助をする活動として進路指導への期待が高まっていった。それを受けて、昭和58（1983）年の「進路指導の手引き—高等学校ホームルーム担任編」では、以下のように進路指導が再定義されている。

> 進路指導は、生徒一人ひとりが、自分の将来の生き方への関心を深め、自分の能力・適性等の発見と開発に努め、進路の世界への知見を広くかつ深いものとし、やがて自分の将来への展望を持ち、進路の選択・計画をし、卒業後の生活によりよく適応し、社会的・職業的自己実現を達成していくことに必要な、生徒の自己指導能力の伸長を目指す、教師の計画的、組織的、継続的な指導・援助の過程である。

この定義は、現在でも、学校教育における進路指導が継承する概念となっている。

⑶　出口に焦点をあてた「受験指導」

戦後の混乱期を脱出し高度経済成長期を迎えると、我が子を高等学校に進学させる家庭が増え、1950年代前半には半数に満たなかった高校進学率が1970年代前半には90％を超えるほど急激に上昇した（**図Ⅰ-Ⅰ**参照）。

このように高等学校への進学が大衆化するにつれ、「より難易度の高い学校へ」といった受験競争も過熱していった。また、進学志望者数の急増に高等学校の設置が追いつかず、浪人せざるを得ない生徒も現れた。

これまでの変遷からも分かるように、進路指導は職業指導から概念を拡大してきたこともあり、本質的に就職あるいは進学という進路先の決定を直接的に指導援助する側面がある。当時の中学生を取り巻く環境を背景として、学校教育現場での進路指導はその理念や本来の目的と乖離し、卒業時の出口の部分、特に受験校や進学校の決定に直接的に関わる指導（いわゆる「受験指導」）に

図Ⅰ-Ⅰ　高校・大学進学率の1950年代以降の推移

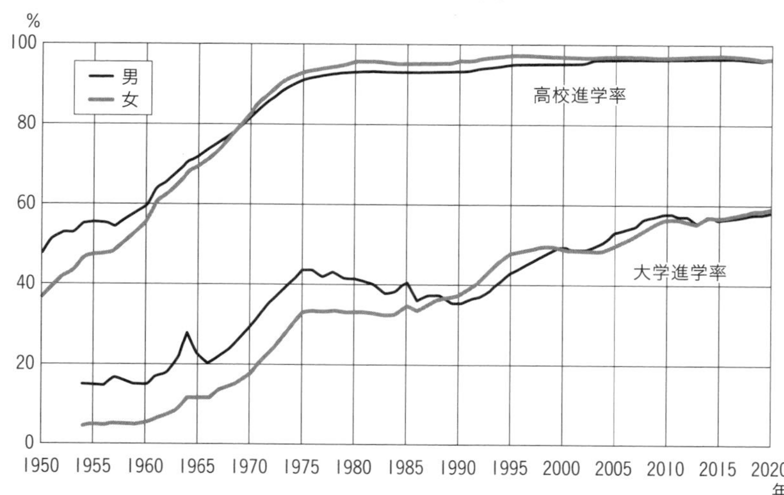

（注）高校進学率は、中学校卒業者及び中等教育学校前期課程修了者のうち、高等学校等の本科・別科、高等専門学校に進学した者の割合。大学進学率は、大学学部・短期大学本科に進学した者（過年度高卒者等を含む）の割合。
（資料）e-Stat「学校基本調査」の年次統計より

重点を置くようになっていった。

受験指導にとって、「業者テスト」と呼ばれるツールは絶大な影響を及ぼしていた。これは1950年代から各中学校内で生徒を対象に実施され、教師や生徒自身が偏差値や志望校の合格判定を把握できるシステムである。1960年代半ばには全国に広まり、高等学校の序列化が進んだ結果、受験競争は激化していった。こうした状況を問題視した文部省は適正な進路指導を求める通達を出したが、このシステムによって生徒が高校入試に不合格となる可能性が大幅に低くなる（合否をある程度予測できる）こともあり、「業者テスト」に依存しない進路指導は、学校教育の現場では普及しなかった。

確かに受験指導には、生徒の学習を促進するという積極的効果がある。しかし、1980年代になると、高度経済成長の衰退や学歴社会批判の影響を受け、受験指導は「偏差値による輪切り指導」として強く批判されることになった。「生徒に過度なフラストレーションを強い、進学後の中退や不適応を多発させる」「生徒に分相応意識を植え付け、彼らのアスピレーションを冷却し、努力主義の内面化を妨げる」といった批判がなされる中で、昭和56（1981）年の中央教育審議会「生涯教育について（答申)」では、受験準備教育の一環として進路指導が行われている現状を認め、生徒の個性・能力の伸長に十分に配慮するとともに、生徒が自らその進路を選択することができるように進路指導を充実することが必要であると示している。

こうした流れを受け、平成４（1992）年には埼玉県教育委員会が中学校に対して「業者テスト」の偏差値を高等学校に通知することを禁止し、翌年には文部事務次官通知「高等学校入学者選抜について」により、中学校から「業者テスト」を全面的に排除する「偏差値追放」の方向付けが強くなされた[v]。

高等学校に対しても、出口に過度に集中した進路指導への見直しが求められた。例えば昭和53（1978）年の「高等学校学習指導要領解説」では、以下のように当時の「出口指導」と称されるような進路指導の実状を踏まえ、その改善を要求している。

高等学校の進路指導が、生徒の卒業時の就職先の選定や大学等の進学に関する問題に集中され、その学年に偏る傾向についての指摘もあるので、生徒の入学時から、計画的・組織的に行うように努める必要がある。

昭和61（1986）年には、内閣総理大臣の諮問機関として設置された臨時教育審議会による「教育改革に関する第２次答申」が出され、高等学校教育の基本方向、進路指導の意義や必要性を示し、学校教育において自己や進路の確立に向けた実践的な学習の展開が必要であることを示している。

しかし大学等への進学率が上昇する中で（**図1-1**参照）、大学受験競争はますます過熱し、「受験地獄（入試地獄）」の様相が浮き彫りとなっていった。

⑷　将来を見通した「在り方生き方指導」

強い批判を受けていた「受験指導」に引き立てられる形で、将来を見通した進路選択や進路意識形成に対する教育的意義が注目されるようになり、本来の進路指導として「在り方生き方指導」への転換[vi]が推し進められた。

昭和62（1987）年の教育課程審議会「幼稚園、小学校、中学校及び高等学校の教育課程の基準の改善について」（答申）では、人間としての「在り方生き方[vii]」という言葉を、国語・公民・道徳教育・特別活動などの教科・科目の内容に対して広く用いている。

この答申を受け、平成元（1989）年に改訂された「高等学校学習指導要領」では、その総則において、進路指導の教育課程上の位置づけを「生徒が自らの在り方生き方を考え、主体的に進路を選択できるよう、学校の教育活動全体を通じ、計画的・組織的な進路指導を行うこと」と規定している。それに伴い、ホームルーム活動の内容の一つとして「⑶ 将来の生き方と進路の適切な選択決定に関すること」を取り上げ、「人間としての在り方生き方に関する教育」を強調した具体的な目標を提示している。「中学校学習指導要領解説」においても、「生徒が自らの生き方を考え主体的に進路を選択することができるよう、学校の教育活動全体を通じ計画的・組織的な進路指導を行うこと」とし、高等学校と同様の方針を示している。

さらに平成5（1993）年には文部事務次官通知「高等学校の入学者選抜について」が出され、「学校選択の指導から生き方の指導への転換」「進学可能な学校の選択から進学したい学校の選択への指導の転換」「100％の合格可能性に基づく指導から生徒の意欲や努力を重視する指導への転換」および「教師の選択決定から生徒の選択決定への指導の転換」を引き続き図っていくことが重要であると明示された。

藤田（2014）は、キャリア教育に先行していたこの時期の進路指導推進施策が、「偏差値輪切り」への対抗軸として、戦略的に「夢」や「自己実現」を強調したと言えるのではないかと指摘している。

3　キャリア教育

(1)　キャリア教育が学校教育に推進された背景

1990年代から2000年代初頭にかけて、欧米の新自由主義を背景にして、日本の教育政策は「ゆとり教育」「個性化」「多様化」「生きる力」などをキーワードとし、個性の発揮や自己実現といった目標を学校教育全体に持ち込むようになった。

日本の学校教育では、「個性よりも協調性」「個人の主体性よりも集団への順応性」を育んできた。しかし、産業・経済が発展する中で表出した諸問題の一因が、画一的な管理教育や、専門知識伝達一辺倒の教育に求められることとなった。進路指導に関して言えば、「学校内実践から学校内外における探索的・啓発的体験学習へ、中等学校卒業時のみの進路先選択から、生涯労働、生涯学習、生涯余暇を含むトータルな人間としての生き方の指導へ、そして、変化・変動が常態化する未来社会のなかでの自己探求や生涯進路発達の教育へ（仙崎1991）」といった新しい方向が指し示されている。

こうした動きを加速させたのは、バブル経済の崩壊、情報化社会・国際化社会の到来といった社会構造や雇用環境の変化である。1990年代には、大幅な人員整理が不可避な企業が出るなど、日本型雇用形態の維持が難しい状況になった。新卒採用を大幅に減らし、正社員も最低限に抑え、その不足分をコスト負担が少ない派遣社員やアルバイトで代替することが一般化し、正規雇用に至らない若年者も増加した。

雇用環境の問題だけでなく、「将来のキャリア形成＝学歴や学校歴の形成」といった観念が揺らぎ、早期離職、学卒無業者、フリーター・ニートといった若者の職業選択や職業観も大きな社会問題へと発展していた。

こうした事態における若年雇用対策の一環として、学校教育における人材育成や進路指導への期待が高まり、アメリカで提唱された「キャリア教育（Career Education)」が、日本においても急速に推し進められることとなった。例えば平成16（2004）年に作成された「若者の自立・挑戦のためのアクションプラン」では、若年失業者等の増加傾向を転換させるという目標の達成を確かなものとするために「キャリア教育の推進」が冒頭にあげられており、「学校段階からのキャリア教育の強化（ものづくり体験等)」が具体的項目として示されている。

⑵ 職業観・勤労観を育む教育

キャリア教育に対して本格的に取り組みはじめたのは、平成11（1999）年の中央教育審議会「初等中等教育と高等教育との接続について」(答申）(以降、本書では「接続答申」とする）を契機としている。この答申では、学校から職業への移行、学校教育と職業生活の接続に関する課題と若者の生活や意識の変容をふまえ、以下のように「キャリア教育」という用語を公文書としては初めて用い、定義づけをしたうえで、「教育は何ができるのか、何をなさねばならないのか」といった教育の在り方についての包括的な提言がなされている。

> 学校と社会及び学校間の円滑な接続を図るためのキャリア教育（望ましい職業観・勤労観及び職業に関する知識や技能を身につけさせるとともに、自己の個性を理解し、主体的に進路を選択する能力・態度を育てる教育）を小学校段階から発達段階に応じて実施する必要がある。

これを契機に、中学校や高等学校では進路指導を中核としながらキャリア教育が推し進められるとともに、「小学校段階から」と明示されたことによって、進路指導に関する分掌組織も持たない小学校でもキャリア教育は展開されることになった。

以降、行政主導の形で、中学校や高等学校はもちろん、小学校や大学等の高等教育機関においても、キャリア教育は積極的に推し進められている。

平成14（2002）年には「キャリア教育の推進に関する総合的調査研究協力者会議」が設置され、キャリア教育の導入・実践について専門家による検討が深められた。平成16（2004）年には、そこでの議論を「キャリア教育の推進に関する総合的調査研究協力者会議報告書」としてまとめている。学校における進路指導の根本的な転換を迫るものであり、進路指導をキャリア教育の中核としながらも「子どもたちの変容や能力・態度の育成に十分に結びついていなかったり、『進路決定の指導』や『出口指導』、生徒一人一人の適性と進路や職業・職種との適合を主眼とした指導が中心となりがちであった」とそれまでの指導を批判的に総括し、「一人一人の発達を組織的・体系的に支援するといった意識や姿勢、指導計画における各活動の関連性や系統性等が希薄であり、子どもたちの意識の変容や態度の育成に十分結び付いていない」などの課題を指摘している。

その上でキャリア教育を以下のように定義し、教育改革の理念や方向性を示すとともに、教育課程の改善もうながしている。

> 児童生徒一人一人のキャリア発達を支援し、それぞれにふさわしいキャリアを形成していくために必要な意欲・態度や能力を育てる教育

これを契機にキャリア教育は全国的に展開されるようになったことから、平成16（2004）年は「キャリア教育元年」と言われている。

こうした動きを加速させた背景には、平成15（2003）年に政府一体となって打ち出された「若者自立・挑戦プラン」の影響がある。若年者雇用を取り巻く厳しい情勢を受けて打ち出されたものであるが、「キャリア教育、職業体験

等の推進」として「職業観・勤労観の醸成を図るため、学校の教育活動全体を通じ、子どもの発達段階を踏まえた組織的・系統的なキャリア教育の推進」「『総合的な学習の時間』等を活用しつつ、企業等との地域の関係者の連携・協力の下に、職業に関する多様な体験学習のための多様なプログラムの推進」などの方策を示している。平成16（2004）年には、「若者の自立・挑戦のためのアクションプラン」が作成されたが、その冒頭に「学校段階からのキャリア教育の推進」が掲げられている。

さらに平成18（2006）年にはおよそ60年ぶりに教育基本法が改正され、教育の目標として「職業及び生活との関連を重視し、勤労を重んずる態度を養うこと」（第２条第２号）と示されたことにより、学校教育におけるキャリア教育の推進はますます加速されることとなった。翌年に改正された学校教育法では、新たに明記された義務教育の目標として「職業についての基礎的な知識と技能、勤労を重んずる態度及び個性に応じて将来の進路を選択する能力を養うこと」が規定されている。

平成18（2006）年に出された「若者の自立・挑戦のためのアクションプラン（改訂版）」では、「若者がニートやフリーターになることを未然に防ぐためには、義務教育段階から児童生徒が適切な勤労観や職業観を持つように育成していく必要がある」という認識を改めて示し、より効果的・効率的な施策として、職業体験を中核とした体系的なキャリア教育の展開をうながしている。

これらを総括し、同年11月には「小学校・中学校・高等学校キャリア教育推進の手引き」が文部科学省より出され、「生きる力」の育成を学校教育に求める課題として明示し、社会人・職業人として自立した社会の形成者を育てるため、学校と社会を結びつける教育、生涯にわたって学ぶ意欲、社会人・職業人としての基礎的資質、体験活動の充実、発達段階に応じた指導の継続性、家庭・地域と連携した教育などを求めている。

藤田（2014）は当時のキャリア教育を「草創期のキャリア教育」と称し、若年者雇用問題への緊急対策の一環に位置づけられたキャリア教育に共通してみられる特徴として、以下の二点を挙げている。

①勤労観・職業観の醸成（形成）の強調

②中学校を中心とした五日間以上の職場体験（キャリア・スタート・ウィーク[viii]）を中核とした職場における体験的活動の重視

⑶ 基礎的・汎用的能力を育む教育

その後、若者の雇用環境や就労状況が好転していく中で、キャリア教育への期待は拡がりをみせていった。学校教育の現場において、その焦点化や手法が過度に偏っていることを問題視し、平成23（2011）年に出された中央教育審議会「今後の学校におけるキャリア教育・職業教育の在り方について（答申）」（以降、本書では「在り方答申」とする）では、キャリア教育を以下のように新たに定義づけている。

> 一人一人の社会的・職業的自立に向け、必要な基盤となる能力や態度を育てることを通して、キャリア発達を促す教育

これは、キャリア教育が主体的に進路を選択する能力・態度を育むだけでなく、選択した役割を適切に遂行し、職業生活・市民生活を自立して営む力を育成することを目指す教育であることを意味している。

さらに、「キャリア教育は、特定の活動や指導方法に限定されるものではなく、様々な教育活動を通して実践されるものであり、一人一人の発達や社会人・職業人としての自立を促す視点から、学校教育を構成していくための理念と方向性を示すものである」と示した上で、草創期のキャリア教育の課題を乗り越え、現実に即して、社会的・職業的に自立するために必要な能力の育成を目指す実践への改善を求めている。

また「在り方答申」では、職業教育を「一定又は特定の職業に従事するために必要な知識、技能、能力や態度を育てる教育」と定義している。これにより、職業教育とキャリア教育との違いが明確になった。

着目すべきは、「社会的・職業的自立、学校から社会・職業への円滑な移行に必要な力」として５つの要素[ix]を示し、中でも「基礎的・汎用的能力」の育

成をキャリア教育に期待している点である。この能力は、「分野や職業にかかわらず、社会的・職業的自立に向けて必要となる能力」として考案され、「職業的（進路）発達にかかわる諸能力」（いわゆる「４領域８能力」）を主軸に、社会的自立に関するさまざまな能力論[x]を参考にしながら、「仕事に就く」ことに焦点をあて、「人間関係形成・社会形成能力」「自己理解・自己管理能力」「課題対応能力」「キャリアプランニング能力」の４つに整理して構成されている（詳細は、第４章を参照のこと）。

⑷　学習指導要領にみる「キャリア教育」

学習指導要領で「キャリア教育」という用語が明示的に使用されたのは、平成21（2009）年の「高等学校学習指導要領」である。その総則では、「進路指導」と併記する形でその推進を求めている。

また高等学校の教育課程は弾力的な編成が可能であることをふまえ、将来の進路とのかかわりにおいて教科・科目を選択できるように、ガイダンスの機能の充実を図ることが総則及び特別活動において示されている。それに伴い、高等学校のホームルーム活動の内容の一つであった「⑶ 将来の生き方と進路の適切な選択決定に関すること」は「⑶ 学業と進路」へと変更された。

さらに平成19（2007）年に改正された学校教育法で「職業についての基礎的な知識と技能、勤労を重んずる態度及び個性に応じて将来の進路を選択する能力を養うこと」と規定されたことを受け、以下のように就業体験の推進を明確に促している。

> キャリア教育を推進するために、地域や産業界等との連携を図り、産業現場等における長期間の実習を取り入れるなどの就業体験の機会を積極的に設けるとともに、地域や産業界等の人々の協力を積極的に得るよう配慮するものとする

さらに平成29年・30年改訂の学習指導要領（本書では、「新学習指導要領」と表記する）の総則では、以下のように小学校・中学校においても「キャリア

教育」の用語が初めて使われている。総則における明記は教育課程全体に係るものであり、今後の学校教育の在り方を考える上で、極めて重要な意味をもつといえる。

> 学ぶことと自己の将来とのつながりを見通しながら、社会的・職業的自立に向けて必要な基盤となる資質・能力を身に付けていくことができるよう、特別活動を要としつつ各教科等の特質に応じて、キャリア教育の充実を図ること

また、教育課程全体でキャリア教育を推進することを前提としつつも、特別活動をその要として明確に位置付けている。特別活動が小・中・高等学校を一貫した体系的・系統的なキャリア教育の要としての役割を担うことに伴い、新学習指導要領においては、小学校の学級活動の内容に「(3) 一人一人のキャリア形成と自己実現」が新たに設けられ、中学校の学級活動、高等学校のホームルーム活動の内容「(3) 学業と進路」は、「(3) 一人一人のキャリア形成と自己実現」へと改訂されている（詳細は、第６章を参照のこと）。

他にも、高等学校では公民科に新設された科目「公共」の役割も重視されており、「教科目標の実現を見通した上で、キャリア教育の充実の観点から、特別活動などと連携し、自立した主体として社会に参画する力を育む中核的機能を担うこと」と示されるなど、シティズンシップ教育（市民性教育）[xi]としてのキャリア教育の実施も期待されている。

以上の経緯からも分かるように、アメリカから導入された職業指導が進路指導へと移り変わり、その後、進路指導を狭義の進路選択にとどめず、全教育活動を通しての在り方生き方の指導に広げ、キャリア教育へと変容させた背景には、日本の社会環境や学校教育観の影響が強くみられると言えるだろう。

「進路指導」は社会的にも広く通用する教育用語の一つであるが、近年では「キャリア教育」という用語も普及・浸透している。両者の定義や概念には共通する点も多いが、異なる点も少なからずある。

図１-２　進路指導とキャリア教育との関係（文部科学省 2011, 2012）

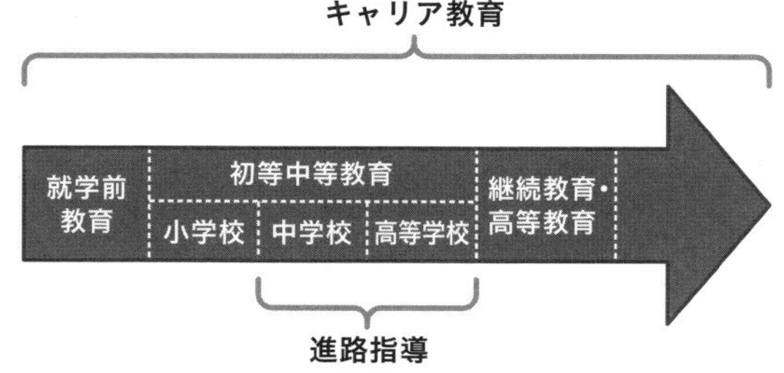

例えば**図１-２**で示されているように、進路指導は中学校や高等学校で行われる指導である一方、キャリア教育は就学前段階から初等中等教育・高等教育を貫き、学校から社会への移行に困難を抱える若者を支援する様々な機関においても実践される取り組みである。本章で示した経緯からみても、進路指導からキャリア教育に「変わった」のではなく、「拡がった」という表現が適切であるのではなかろうか。

❶高校受験における「偏差値」の功罪について、どのように思いますか。なぜ、そのように思うのですか。功と罪の両面から、考えてみましょう。

❷進路指導とキャリア教育の相違点について、どのように思いますか。なぜ、そのように思うのですか。自分の経験もふまえて、考えてみましょう。

❸キャリア教育の今後の展開について、どのように思いますか。なぜ、そのように思うのですか。予想される社会背景や雇用環境の変化も視野にいれながら、考えてみましょう。

【引用・参考文献】
藤田晃之，2014，『キャリア教育基礎論─正しい理解と実践のために』実業之日本社.
入澤宗壽，1915，『現今の教育』弘道館.
望月由起，2008，『進路形成に対する「在り方生き方指導」の功罪─高校進路指導の社会学─』東信堂.
文部科学省，2011，『中学校キャリア教育の手引き』教育出版.
文部科学省，2012，『高等学校キャリア教育の手引き』教育出版.
仙崎武，1991，「進路指導の意義と理論」中西信男・神保信一編『生徒指導・相談の心理と方法』日本文化科学社.
田村錘次郎，1986，『生き方にせまる進路指導』ぎょうせい.
小川一郎，1992，『在り方生き方指導の理論と実践』清水書院.
吉田辰雄，2005，『キャリア教育論─進路指導からキャリア教育へ』文憲堂.

【注】

i 日本国憲法第22条で「何人も、公共の福祉に反しない限り、居住、移転及び職業選択の自由を有する。」と規定され、国民の基本的人権として職業選択の自由が保障された。

ii 必修教科としての「職業科」は、昭和24（1949）年５月に「職業科及び家庭科」へ、同年12月に「職業・家庭科」へと改訂され、「実生活に役立つ仕事」を中心に学習し、啓発的経験としての意義をもつ教科であるとされた。

iii 昭和46（1971）年に、文部省令により「進路指導主事」となった。

iv「職業指導」は、農業、工業、商業、水産の教科に関する科目として規定されており、法令上、現在でも「進路指導」と「職業指導」の用語は併存する。

v 校内での「業者テスト」は実施されなくなったが、現在でも、校外では同様のテスト（会場テスト）が実施されていることが多く、その結果に基づき受験校を選択・決定する生徒は少なからずみられる。

vi 望月（2008）によれば、教育制度そのものの多様化や弾力化の促進を背景に、進路指導をめぐる議論においては、「分相応」に実現可能性を重視するような指導から、個々の生徒の個性や人間性を基盤とした「自己選択、自己決定、自己実現」に必要な能力や態度の育成におく指導への立て直しが図られている。

vii「在り方生き方」は、高校生の発達段階に対応した用語である。小川（1992）は、「在り方」と「生き方」を別々に捉えるのではなく、人間性の本質にさかのぼって人間としてのよりよい生き方を考えさせる教育を「人間としての在り方生き方」に関する教育と定義している。

viii「キャリア教育元年」と称されている平成16（2004）年の翌年（平成17（2005））年から、文部科学省では中学生を中心に５日間以上の職場体験とその支援体制を整備するための「キャリア・スタート・ウィーク」を全国138地域で実施した。

ix 「基礎的・基本的な知識・技能」「基礎的・汎用的能力」「論理的思考力、創造力」「意欲・態度及び価値観」「専門的な知識・技能」の5つの要素。

x 平成15（2003）年に内閣府「人間力戦略研究会報告書」で示された「人間力」、平成16（2004）年に厚生労働省「若年者の就職能力にする実態調査結果」で示された「就職基礎能力」、平成18（2006）年に経済産業省「社会人基礎力に関する研究会—中間とりまとめ」で示された「社会人基礎力」、平成20（2008）年に中央教育審議会「学士課程教育の構築に向けて（答申）」で示された「学士力」など。

xi （批判的思考力や問題解決能力をもち、民主的参加をなしうる）市民として必要な要素を備え、社会の構成員である市民としての役割を果たせるようになることを目指す教育。

第２章

進路指導の意義と機能

現代の日本において、学校は社会的選抜の主たる機関となっている。ゆえに、学校における進路指導は教育的な意味にとどまらず、将来の社会・経済的な地位の決定にも関係しており、その意義は極めて大きいと言わざるをえない。

本章では、学校を通じた社会的選抜にも目を向けた上で、そこで行われる進路指導の意義や機能についてみていく。

日本において義務教育を担う機関は小学校と中学校であるが、第１章の**図１-１**で示したように、その進学率からみれば、いまや高等学校も準義務教育機関といえるだろう。さらにいえば、大学・短期大学への進学率が10年以上にわたって50％を超えるなど、高等教育機関への進学も大衆化している。こうした状況は、進学後の学習意欲の喪失や不適応の一因として、多種多様な背景や原因と相互に複雑に絡み合いながら、社会全体の課題として着目されている。

もちろん、学校教育においても大きな課題である。自己の進路についての情報が不足したまま無目的に進学したり、進学に対して主体的な選択がなされていないなど、生徒の進路選択や進路意識の問題が多方面より指摘されるとともに、中学校や高等学校における進路指導のあり方も問題視されるようになった。

1　学校における進路指導の機能

日本の学校や教師は、生徒の進路選択の過程に大きく踏み込んでおり、学校における進路指導のあり方は、他国とは違う個性的な仕組みである。

仙崎（1991）による分類に依拠して整理すると、日本の学校における進路指導の機能は「教育的機能」と「社会的機能」に分けることができる。

(1)　教育的機能

まず「教育的機能」については、以下の３つの機能が挙げられる。

①自主性を育て、意思決定能力を高める機能

進路を選択・決定するまでの過程で、生徒はさまざまな葛藤や悩み・不安に遭遇する。その都度、慎重な考察と賢明な判断に基づき、自ら意思決定を経験することによって、問題解決への自主性と選択能力が育てられる。

②職業観を育て、自己実現能力を高める機能

職業観形成や自己実現能力を育成する活動そのものが、望ましい進路指導を具現する過程となる。これは、進路指導の中核的な機能の１つである。

③社会性を育て、社会的適応能力を高める機能

人間としての生き方や進路に関する認知的・体験的学習によって、社会や職業に対する知識や理解を深めることができる。また習得した自己実現への能力・意欲は、生き方への積極的な態度、対人関係技能や社会性を伸張しうる。

⑵ 社会的機能

続いて「社会的機能」については、以下の３つの機能が挙げられる。

①社会への配分的機能

進路や職業情報の指導・学習を通して、産業や企業が最も必要とする職業・仕事の分野に人材を配分・供給することにより、職業・労働市場での人材需給の調整が行われ、産業・経済や企業の発展が期待できる。

②社会での適応的機能

社会生活・職業生活のなかで生起する変化・変動に柔軟に対応し、十分な適応や自己実現ができるのに必要な能力、態度を育成することにより、社会・職業環境への個人的・集団的な適応力が深められ、その自己実現をはかることが可能になる。

③社会の発達的機能

進路意識や態度は、一般的に成長・探索・確立・維持・下降の各ステージにおける発達課題を達成することによって発達する。職業生涯における個人の進路発達努力は、周囲に刺激を与えるだけでなく、社会・職業組織の活性化にも貢献しうる。

進路指導を行う際には、生徒に対する「教育的機能」に着目しがちであるが、その「社会的機能」についても看過することがないように留意する必要がある。

2 学校を通じた社会的選抜と進路指導の役割

本書の冒頭でも述べたが、近代以降の日本社会は「職業選択の自由」と「業績主義」を備えた社会である。こうした社会においては、本来、子どもたちは

「何者でもないが、何者にでもなれる者」である。彼らが、彼らの発達を保障する重要な社会化空間である「学校」という場を通じて「何者かになっていく」プロセスが、社会的選抜と進路選択の過程である。

「何者でもない者が、何者かになっていく」には、「現在の自分は何者か（今の自分探し、アイデンティティの探求）」という側面と「今後、何者になりたいか（将来の自分探し）」という側面があり、「本当の自分探し（「自己理解」を通じて将来の進路を「自己決定」していく）」という進路指導の基本的な思想を基盤に、職業や将来を選び取っていくことが望ましい進路選択であるという考え方に近い。その基底にあるのは「自己」を起点におく教育の捉え方であり、「何者でもない」子どもにとって、「本当の自分とは」「本当にやりたいこととは」といった自己分析を通じて、自己理解を深めるような進路指導のあり方である。

ただし、実際の進路選択にあたっては、「自分の適性や本当にやりたいことを探し出そうにも、その判断は実際の経験に基づくものではない」ことや、「自分なりの希望がみつかったとしても、その進路につけるかどうかは自分の希望だけでは決めることができない」といった困難に陥る可能性も否めない。

現代の日本社会では、「自由な職業選択」と「職業機会の希少性」が共存しており、少なからずの場面で社会的な選抜が行われている。こうした中で、学校の進路指導は、「選択の尊重」と「機会の制約」といった矛盾する役割を担っている。これは、進路選択を「自分自身で行った」と本人に納得させつつ、社会のさまざまな機会の制約に向き合わせるといったアスピレーションの冷却（クーリング・アウト）の役割を学校が引き受けることを意味する（本章「コラム」も参照のこと）。

かつての教師は、生徒の偏差値と志望校の対応づけを確立する役割を果たし、この対応関係から逸脱した志望をもつ生徒を厳密にチェックし、分相応な進路へと誘導する「門番」（ゲートキーパー）であった（耳塚 1988）。しかし、「在り方生き方指導」への転換以降、教師にはゲートキーパーではなく、生徒に「夢を与える・夢をみさせる」アドバイザーとしての役割が重視されている。

3　学校における進路指導の定義

進路指導を必要とする社会は、職業選択の自由性が保障され、かつ個人の多様な能力・適性などが十分に評価されることを前提条件とするため、日本の学校教育における職業指導の理念・内容・方法などの実質的な検討や組織化は、第二次世界大戦後になってからのことだと言わざるをえない。

昭和22（1947）年に制定された学校教育法[i]では、戦後の学校教育制度の根本を規定し、中学校・高等学校の教育目標として、生徒が自らの意志で将来の職業を選択・決定する能力、および、その職業における労働を遂行するための専門的な能力を培うことを位置付けている。例えば中学校教育の目標としては「社会に必要な職業についての基礎的な知識と技能、勤労を重んずる態度及び個性に応じて将来の職業を選択する能力を養うこと」（第36条第２号）、高等学校教育の目標としては「社会において果たさなければならない使命の自覚に基き、個性に応じて将来の進路を決定させ、一般的な教養を高め、専門的な技能に習熟させること」（第42条第２号）を規定している。

現在の学校教育における進路指導の概念は、昭和36（1961）年に『進路指導の手引』により提示された、以下の定義に依拠している。

> 進路指導とは、生徒の個人資料、進路情報、啓発的経験および相談を通じて、生徒みずから、将来の進路の選択・計画をし、就職または進学して、さらにその後の生活によりよく適応し、進歩する能力を伸長するように、教師が組織的・継続的に指導・援助する過程である

さらに昭和58（1983）年に出された『進路指導の手引』では、進路指導を以下のようにも定義している。

> 生徒の一人ひとりが、自分の将来の生き方への関心を深め、自分の能力・適性等の発見と開発に努め、進路の世界への知見を広くかつ深いものとし、やがて自分の将来への展望を持ち、進路の選択・計画をし、卒業後

の生活によりよく適応し、社会的・職業的自己実現を達成していくことに必要な、生徒の自己指導能力の伸長を目指す、教師の計画的、組織的、継続的な指導・援助の過程

これらの定義からは、自己実現に必要な能力や態度を育成するために、進路指導の諸活動を実施し、生徒自らが主体的に取り組むよう、教師が指導・援助する過程であることが示されている。

進路指導の諸活動については、**図2-1**のように、「個人理解」「啓発的経験」「進路情報」が「進路相談」で統合され、「進路選択・決定への指導」「追指導」へと有機的に統合された活動の流れで表すことができる[ii]。

平成18（2006）年には教育基本法が改正され、翌年には学校教育法が改正されたが、その条文の中に「進路指導」の用語は直接的には用いられていないものの、「職業についての基礎的な知識と技能、勤労を重んずる態度及び個性に応じて将来の進路を選択する能力を養うこと」を求めるなど、進路指導の充実に重点がおかれていることがうかがえる。

さらに平成22（2010）年に出された「生徒指導提要」では、進路指導を以下のように定義している。

生徒が自ら、将来の進路選択・計画を行い、就職又は進学をして、さらには将来の進路を適切に選択・決定していくための能力をはぐくむため、学校全体として組織的・体系的に取り組む教育活動

図2-1　進路指導の諸活動の流れ（坂本 1997）

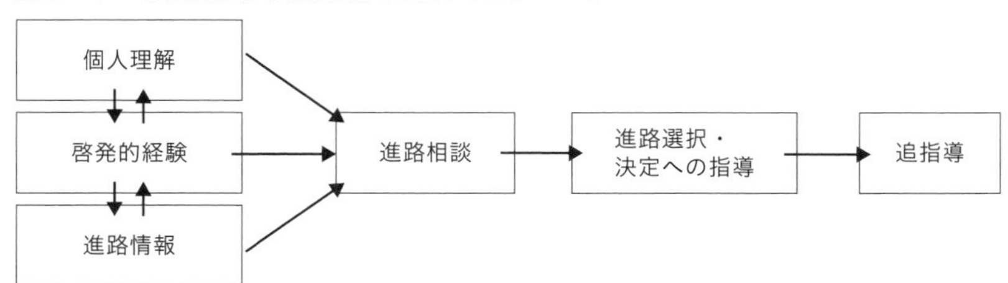

その上で、近年では、キャリア教育の推進の中に進路指導が位置付けられており、キャリア発達を促す指導と進路決定のための指導が系統的に展開され、幅広い能力の形成を目指していることが明示されている。

4　進路指導による円滑な移行支援

生徒のキャリア発達は、進路指導の中核的な目的である。キャリア発達をうながすためには、生徒と教師の質の高い相互作用（個体からの働きかけと環境からの適切な呼応、あるいはその逆）が重要な要件となる。

永作（2012）は、キャリア発達をうながすことが円滑な移行（あるいは接続）を支援することにつながると指摘し、移行にかかわる２つの課題と進路指導の関係について、**図２-２**のように示している。

移行前の段階では、「進路決定（次にどこへ進むか、どのような人生を選択するか）」が主たる課題（課題①）となる。そして移行後は「適応（新たな環境に適応すること）」が主たる課題（課題②）となる。**図２-２**からも分かるように、進路指導においては、生徒理解、進路情報の提供、啓発的経験、進路相談、進路決定の援助、追指導といった諸活動を通じて、生徒の円滑な移行を支援することが重要になる。

図２-２　移行にかかわる2つの課題と進路指導の諸活動（永作 2012）

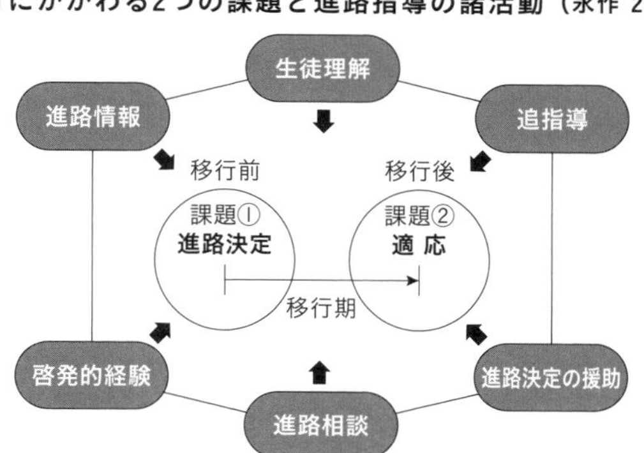

原則的に、一律の修業年限で次の進路先に移行させなくてはならないとされる日本の学校教育において、移行先での適応問題は看過できない問題である。学校卒業者の次の進路にいたるまでの過程は、学校教育の総仕上げともいわれており、進路指導による移行支援の必要性は学校教育制度によって規定されている。

近年は、卒業後の進学・就職といった直近の進路先への円滑な移行だけでなく、今後の人生において経験するであろうさまざまな転機（トランジション）において、「自分自身で主体的に選択し、よりよく生きていくために必要な態度や能力を育成すること」を円滑な移行支援の本質とし、それを目的としたキャリア教育が積極的に展開されている（詳細は、第５章を参照のこと）。

5　進路選択の「主体性」という概念

これまでみてきたように、進路指導は生徒が自らの進路選択を主体的に行うことを主たる目的の一つとしている。平成29（2017）年改訂の「中学校学習指導要領」、平成30年（2018）年改訂の「高等校学習指導要領」では、キャリア教育の充実を図ることが総則で示されているが、その中で「生徒が自己の在り方生き方（中学校では「自らの生き方」）を考え主体的に進路を選択できるよう、学校の教育活動全体を通じ、組織的かつ計画的な進路指導を行うこと」と進路指導についても言及している。

ここでいう進路選択の「主体性」という概念を捉える際には、「自分の意志・判断で行動しようとする態度」といった元来の意味だけでなく、進路選択に対する「納得」も含めて広義に捉えることが重要である。

進路指導や進路選択をめぐる議論で強調されている「主体性」概念は、新自由主義下で求められる「自己責任」との関連が大きい。「自己責任」は、いかなる結果になろうとも、自己の行為に対して納得することを含意する。「自己の進路選択に納得する」ことは、進路先での適応・不適応を左右する重要な態度の一つである（本章の「コラム」を参照のこと）。

進路選択における「主体性」概念をいかに捉えるかについては、更なる議論が必要である。「自己の進路選択に納得する」ことが、個人や社会全体にとって、必ずしも望ましいとはいえないだろう。こうした点を承知の上で、「他者や他の要因からの押し付けによる選択ではなく、自己の意志や判断で主体的に選択することによって、進路先への移行や進路先での適応に関する問題を改善しうる」といった、「主体性」の肯定的な面に重きをおきながら、進路指導にあたることが望ましい。

コラム　進路指導に求められる「主体性」と「現実吟味」

「本人を納得させない進学指導の結果は、上級学校入学後の不適応をおこさせる（中西 1988）」、「進路を決めるに際して、自分が納得できるほどに吟味したかどうかが、その後の生活への適応を左右する重要な鍵になる（中村 1993）」、「高卒時点で進学や就職など特定の進路に首尾よく進むことができたとしても、それが十分な本人の納得に基づいていない限り、容易に離学や離職に結びつく（本田 2000）」などの指摘もあるように、「その選択に自己が納得する」ことは、進路先での適応・不適応を左右する重要な態度である。

そのためには、自己概念の発達とその実現に注目したSuper（1957）によれば、自己についての映像を正しく持ち、現実との関連でこの映像を描き直しながら自己の進路を選択していく能力を養うことが重要である。自己概念は、空想的なものから現実的なものへと変化するが、年齢的発達変化にともなって自然に行われるものではなく、現実吟味（reality testing）を得て初めて現実的なものへと変化するものである（佃 1988）。

Superや佃の指摘に基づくのであれば、適切な進路選択は、現実吟味を伴う自己概念によって初めて可能となるものであり、空想的な自己概念は、適切な進路選択の妨げとなる恐れもある。中学生や高校生は、「今の自分」としての現実の自己と、「なりたい自分」としての理想の自己との間で大きく揺れ動く時期であり、現実吟味を重ね、自己を描き直していくことが求められる。

現実吟味の結果によっては、アスピレーションの冷却が必要となることも認識せねばなるまい。Clark（1960）は、Goffmanによる冷却概念[iii]を大学進学の選抜問題に導入し、大学に向けられたアスピレーションの冷却メカニズムは、短大において果たされていることを明らかにしている。「なりたい自分」を目指して加熱されたアスピレーションは、すべての人が望みどおりの教育達成・地位達成をかなえることが不可能である以上、どこかの時点でうまく冷却を図っていくことも、その後の進路への円滑な移行や進路先での適応といった観点から必要であり、進路指導が担う役割の一つではなかろうか。

苅谷（2003）は、「生徒の主体性の尊重を大切にし、夢を壊さないようにとクーリングアウトの役割を放棄した進路指導に、できることは限られている」と指摘し、より現実的な対応を求めている。アドバイザーとして生徒の進路選択の「主体性」を重要視しつつ、ゲートキーパーとして「現実吟味」をうながす進路指導という、極めて難しい課題に向き合うことが、現代の日本の学校や教師には求められているのである。

❶日本の学校には、どのような機能・役割が強く求められていると、思いますか。なぜ、そのように思うのですか。

❷中学校や高等学校において進路指導が全く行われないとすれば、生徒はどのように進路選択をしていくと思いますか。なぜ、そのように思うのですか。

❸進路指導における「主体性」と「現実吟味」の問題について、どのように思いますか。なぜ、そのように思うのですか。自分の経験も振り返りながら、考えてみましょう。

【引用・参考文献】

Clark, B. R., 1960, The"Cooling-Out"Function in Higher Education, *American Jounrnal of Sociology*, 65.

Goffman, E., 1952, On Cooling the Mark Out: Some Aspects of Adaptation to Failure, *Psychiatry*, 15.

本田由紀，2000,『進路決定をめぐる高校生の意識と行動―高卒「フリーター」増加の実態と背景（調査研究報告書）No.138』日本労働研究機構.

苅谷剛彦，2003,「選抜と進路選択」苅谷剛彦・志水宏吉編『学校臨床社会学―「教育問題」をどう考えるか―』放送大学教育振興会.

耳塚寛明，1988,「中学校・高校の教育指導」稲村博編『親と教師のための思春期学（4.学校）』教育開発研究所.

三村隆男，2004,『キャリア教育入門』実業之日本社.

永作稔，2012,「進路指導の評価と活用」，新井邦二郎編『進路指導』培風館.

中村雅知，1993,「進路指導の活動内容と心理学」菊池武剋編『進路指導』中央法規出版.

中西信男，1988,「入試制度と進路指導はどういう関係にあるか」藤本喜八・中西信男・竹内登規夫編『進路指導を学ぶ』有斐閣.

坂本昭，1997,『進路指導の理論と実践―生き方指導を視座として―』中川書店.

仙崎武，1991,「進路指導の意義と理論」中西信男・神保信一編『生徒指導・相談の心理と方法』日本文化科学社.

Super, D. E., 1957, *The psychology of careers*. New York : Harper & Row. 日本職業指導学会訳 1960,『職業生活の心理学』誠信書房.

佃直毅，1988,「進路指導をどう考えるか」藤本喜八・中西信男・竹内登規夫編『進路指導を学ぶ』有斐閣.

【注】

i 現行法（令和元年６月26日最終改正）では、進路選択にかかわる中学校教育の目標は第21条第10号で、義務教育における普通教育の目標の一つとして規定されている。高等学校の目標は、第51条第２号で規定されている。

ii 同様の指摘は、キャリア教育が導入されて以降もみられる。例えば三村（2004）は、「進路指導活動とは、進路に関わる「自己理解」と「進路情報」を、「啓発的経験」や「キャリア・カウンセリング」を通して融合させながら「卒業後の進路の選択決定への支援」へと導いていく活動である」と述べ、「卒業後の進路の選択決定への支援」が、それまでの進路指導の諸活動を融合した活動と述べている。

iii Goffman（1952）は、ペテン師がカモ（だまされやすい人）を妥協・納得させる方略を、「冷却（Cool-out）」という概念を用いて示している。

第３章

進路指導の組織体制と方法

進路指導を学校における教育活動全体を通じて行うためには、教職員の共通理解と協力体制が不可欠であり、その実現のためには校内の組織体制を確立させ、各教員がその役割を十分に果たすことが重要である。

本章では、進路指導の組織体制、教員が果たす役割、教育活動の内容などについて具体的にみていく。

1　進路指導の組織体制と教員が果たす役割

(1)　校長・教頭などの管理職

管理職には、進路指導の理念を十分に理解し、進路指導が学校の教育活動全体をとおして計画的、組織的、継続的に行われるように学校経営計画を立案し、校内組織体制の条件整備に努めることが求められる（**図3-1**参照）。

他にも、管理職の役割としては、以下のようなものが主に挙げられる。

①教育課程における教育目標や基本方針に進路指導を位置付け、管理運営を適切に行う。

②進路指導に関して立案された全体計画や年間指導計画への指導・助言を適切に行う。

③進路指導主事（主任）を中心に、教務・生徒指導・保健などの主事（主任）や、学年主任、学級（ホームルーム）担任などが一体となる進路指導を促進する。

④進路指導に関連する研修（校内・校外問わず）を推進する体制を整備する。

⑤学校評価を実施し、進路指導に関連する事項について工夫・改善に努める。

⑥進路指導に対する学校の姿勢を保護者に示し、理解を得るよう努める。

(2)　進路指導主事を中心とした進路指導部

進路指導は３年間または６年間にわたって継続的に行われるべきものであ

図3-1　進路指導に関する組織体制例

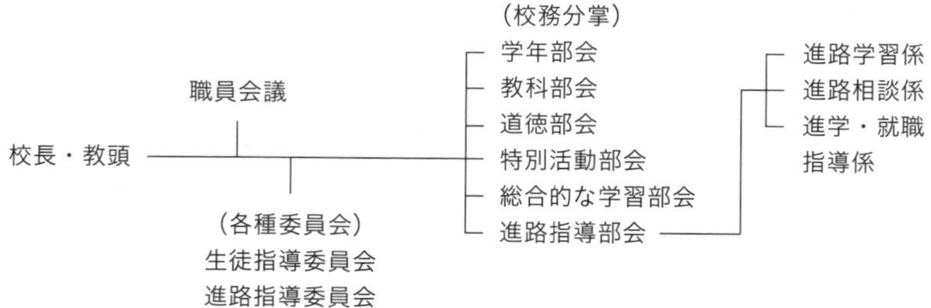

る。学校の教育活動全体を通じて展開していくためには、進路指導部や進路指導主事のように、学年という枠を超えて、計画・運営していく分掌組織や担当者が必要である。

進路指導部には、学校の教育活動全体を通じて、進路指導を計画的・組織的に行うことが求められる。

その中心的な役割を担うのが、進路指導主事である。昭和28（1953）年の「学校教育法施行規則等の一部を改正する省令」により、中学校と高等学校では主任職の中では最も早く職業指導主事制度が確立し、昭和46（1971）年には文部省令により進路指導主事制度へと移行している。学校教育法施行規則では、以下のように進路指導主事について規定している。

> 第71条　中学校には、進路指導主事を置くものとする。
> 　進路指導主事は、指導教諭又は教諭をもつて、これに充てる。校長の監督を受け、生徒の職業選択の指導その他の進路の指導に関する事項をつかさどり、当該事項について連絡調整及び指導、助言に当たる。

進路指導は教諭等の充当職であるため、一人では十分な指導等が困難である。そのため、**図3-2**のように、教諭等による進路指導部を組織して指導を行うのが一般的である。

具体的には、校長の監督のもとで、以下のような役割が期待されている。

①学校全体の教育目標を見据えて、具体的・実践的な進路指導を推進する中核となる。

②進路指導に関連する全体計画や年間指導計画を立案する。

③進路指導に関する専門的な知識・技術の習得と修養に努め、他の教員への指導・助言を適切に行う。

④生徒理解のための個人資料の収集の企画・整理・解釈・活用を推進する。

⑤進路情報の収集・整理・活用を推進する。

⑥進路指導に関連する施設を運営し、必要に応じて進路相談を担当する。

⑦職業安定所、上級学校、事業所など、関連諸機関との連絡・調整にあたる。

図３－２　進路指導部・課の組織とその活動内容例（文部省 1983）

進路指導部・課

係	おもな活動内容	他の分掌等との連携
総務係	・全体計画の作成およびその運営の総括 ・予算の計画と運営 ・部・課内の連絡・調整および指導・助言 ・評価の計画と実施 ・その他、統括的事項	・進路指導委員会の主催 ・各学年、各分掌等との連絡・調整 ・保護者・地域、外部諸機関との連携・調整
進路指導学習係	・学年の学級活動の年間指導計画の作成にあたっての指導・助言および学年間の調整 ・学級活動における教材、資料の作成と活用および指導方法の研究等の援助 ・進路にかかわる啓発的な体験の計画と実施 ・生徒の進路学習委員会等の指導 ・研究授業等、進路指導の研修の計画と実施	・各学年、学級担任教師および各分掌等との連絡・調整 ・保護者との連携・調整
進路相談係	・進路相談の計画の作成と実施 ・生徒理解のための個人資料の収集と、生徒個人カードの作成・管理・利用等 ・進路相談に関する研修の計画と実施 ・進路相談室の管理・運営	・各学年、学級担任教師等との連絡・調整 ・保護者との連絡・調整
進学・就職指導係	・進学・就職に関する情報資料の収集と活用（教師、生徒、保護者への情報の提供） ・進学・就職に関する講演会、説明会、卒業生との懇談会の計画と実施 ・校内模擬試験等の計画と実施 ・模擬面接等の計画と実施 ・進路資料室、進路情報コーナー等の管理、運営	・各学年との連絡・調整 ・上級学校、事業所、公共職業安定所等、外部関係諸機関への依頼、連絡等 ・来校者への対応 ・保護者等との連絡・調整

その他にも、教育活動全体を通したキャリア教育を推進するにあたって、進路指導部が中核となり、その舵取りをしている学校も少なからず見られる。

⑶　学級（ホームルーム）担任

進路指導は、進路指導部が中核となるが、学校のすべての教員がかかわる活動である。その最前線で指導にあたるのは、学級（ホームルーム）担任である。担任には、学校全体の進路指導の目的や方針を理解し、進路指導部により企画・立案された指導計画に沿って、学級の生徒に対する進路指導を具体的かつ個別的に行うことが求められる。

具体的には、以下のような役割が挙げられる。

①学校の教育目標、進路指導の目標、学年目標などをふまえ、学級経営方針のなかに進路指導に関する事項を掲げる。

②学級活動などにおいて、進路学習をバランスよく行う。

③生徒理解に努め、生徒が自己理解を図ることができるよう指導・助言を適切に行う。

④進路指導主事（主任）や学年主任、教科担任、養護教諭などとの連絡を密にし、進路指導に関連する情報収集・提供に努める。

⑤保護者との連携を図り、生徒個々に応じた進路指導を行う。

近年、生徒の進路に関する悩みは多様化しており、担任の力量を超える場合もある。その際には担任だけで抱え込まず、進路指導主事や学年主任と密接な連携を図りながら、「チームとしての学校[i]」として、スクールカウンセラー、スクールソーシャルワーカー、教育相談員などと連携をして問題解決を図ることが必要である。

⑷ 教科担任

日本において、中学校以上の学校では、教科担任制が伝統的にとられている。進路指導は学校の教育活動全体を通じて行うものであり、各教科の授業においても、教科担任は担当の専門性を生かした進路指導に取り組むことが求められる。

学習指導要領に示されている各教科の目標・内容に基づき、知識・技能、態度、価値観の育成を図ることを通じて、生徒に自己理解をうながし、自己の進路選択に役立てるように指導をすることも重要である。

生徒は教科の学習を契機として自己の適性の理解を深めることも多く、こうした点を意識した働きかけも教科担任には期待されている。

2　進路指導の６つの教育活動

第２章で示したように、文部省（1983）による以下の進路指導の定義に基づくと、進路指導を構成する活動は「自己理解の促進」「進路情報の提供」「啓発的経験の提供」「進路に関する相談」「進路選択・決定への指導」「追指導」の６つの領域に整理できる。

> 生徒の一人ひとりが、自分の将来の生き方への関心を深め、自分の能力・適性等の発見と開発に努め、進路の世界への知見を広くかつ深いものとし、やがて自分の将来への展望を持ち、進路の選択・計画をし、卒業後の生活によりよく適応し、社会的・職業的自己実現を達成していくことに必要な、生徒の自己指導能力の伸長を目指す、教師の計画的、組織的、継続的な指導・援助の過程

以下にて、それぞれの教育活動について具体的に示していく。

(1)　自己理解の促進

生徒個人に関する多様な資料を収集し、一人一人の生徒の興味関心、能力、適性等を把握するとともに、生徒自身にも将来の進路との関連において自己を適切に理解させる活動は、進路指導をすすめる上で基盤となるものである。

自己理解を促進するために、適性検査、興味検査、性格検査など各種の心理検査が利用されることもある。以下では、労働政策研究・研修機構のホームページで紹介されている主な検査を紹介する。

①厚生労働省編一般職業適性検査（General Aptitude Test Battery）

９つの「適性能（知的能力、言語能力、数理能力、書記的知覚、空間判断力、形態知覚、運動共応、指先の器用さ、手腕の器用さ）」を測定。

・対象者：中学生～成人（45歳程度）

・所要時間：紙筆検査（45～50分）、器具検査（12～15分）

・特徴：制限時間内にできるだけ早く正確に回答する最大能力検査。個別でも

集団でも実施可。適性のうち、能力に関する特徴を把握可能。

②職業レディネス・テスト（Vocational Readiness Test）

ホランド理論（詳細は、第9章を参照のこと）に基づく6つの興味領域（現実的、研究的、芸術的、社会的、企業的、慣習的）に対する興味の程度と自信度がプロフィールで表示。基礎的志向性（対情報、対人、対物）も測定。

・対象者：中学生・高校生。場合によっては大学生でも可。

・所要時間40～45分（実施のみ）。採点も含めると1時間。

・特徴：各回答者の自己ペースで実施させる紙筆検査。若年者に対し、自己理解を深めさせ、職業選択に対する考え方を学習させる教材としても有効。

③VPI（Vocational Preference Inventory）職業興味検査

アメリカで開発されたホランドによるVPIの日本版。6つの興味領域に対する興味の程度と5つの傾向尺度（自己統制、男性－女性、地位志向、稀有反応、黙従反応）がプロフィールで表示。

・対象者：短大生、大学生以上。

・所要時間：採点時間を含めて15～20分程度。

・特徴：160個の職業名に対する興味の有無を回答。実施・採点はカーボン形式で簡便。

こうした検査を受検することは、生徒にとって自己の進路選択について考える好機となりうる。その際には、検査を受検するだけでなく、それをツールとして自己理解をうながすことが重要である。検査の結果から自己の特徴の発見や確認をするだけでなく、自己を新しい角度や枠組みから見直し、社会全体の中での一個人として自己を位置付けることにも目を向させることが望ましい。

そのためには、結果をフィードバックする際の働きかけや方法がカギとなる。生徒との日常生活でのやりとりや観察などによって収集した情報と関連付けながら、検査の結果を総合的にとらえ、生徒の自己理解をうながすような工夫が必要である。

⑵ 進路情報の提供

自己理解を促進する活動とともに、職業や上級学校等に関する情報を生徒に提供し、各自の進路選択に活用させる活動も重要である。家族や身の回りの人の職業・働き方だけでなく、世の中にどのような職業や働き方があるのかを広く知ることにより、生徒が将来の進路や職業を考える範囲は広がる。

情報収集にあたっては、インターネットやSNSを手段とすることが多い。求人情報や学校案内はもちろんのこと、インターンシップやオープンキャンパスなど啓発的経験につながる情報も容易に入手できる。他にも、先輩の体験談や、上級学校や企業の担当者からの説明や紹介も、相手に直接会わなくても入手可能な場合もある。

このように、近年では進路情報の収集はさほど難しくないが、「収集した情報をいかに活用するか」に困難を抱える生徒は少なくない。情報の収集を課すだけでなく、今後の学校生活の計画や職業生活のイメージについてより現実に即して考えるために、収集した情報を活用できるように援助することが重要である。そのためにも、単に情報を多く収集するだけでなく、「将来の進路に対する興味の幅を広げる段階」「希望する進路の方向性や分野について理解を深める段階」「具体的な進路先を選択・決定する段階」といったタイミングにも留意することが必要である。

⑶ 啓発的経験の提供

就業や上級学校での学びなどの経験を通じて、生徒自身に自己の能力・適性等を吟味させたり、進路に関する具体的な情報を得させたりする活動は、進路指導の一領域であると同時に、キャリア教育の中心的な活動でもある。この領域には、職場体験や就業体験（インターンシップ）、上級学校への体験入学だけでなく、見学、インタビュー、調べ学習なども含まれる。いずれにしても、その活動の意義を理解するための事前指導と、体験の内容を省察し、将来の進路とどのように結びつくかを考えさせるような事後指導が重要である（本章の「コラム」を参照のこと）。

中でも職業を体験する機会は、中学校を中心に多くの学校で推進されている。社会と直接かかわるような活動を経験することによって、その職業の内容や役割を理解するだけでなく、自分の特性に気づくことも期待されている。

高等学校や大学への進学が大衆化し、卒業後の具体的な進路選択のために上級学校での体験活動をうながす指導を行う学校も増えている。

いまや多くの大学や高等学校では、オープンキャンパスや学校見学会を開催している。大学のオープンキャンパスでは、一般的には、教職員による大学紹介や模擬授業、大学生による相談会やキャンパス見学ツアーなどが行われ、高校生向けの高度なプログラムやゼミナールと特別入学者選抜を組み合わせた取り組みもみられる。高等学校の学校説明会でも、各校の概要や入試の説明だけでなく、授業公開や部活動見学・体験の機会が増えている。スーパーサイエンスハイスクール（SSH）などでは、学習や研究の成果発表会も公開している。

こうしたイベント的な機会だけでなく、大学の日常や普段の授業を体験するプログラムも企画されている。例えばNPO法人NEWVERYによる「WEEKDAY CAMPUS VISIT」は、高校生が「大学の普段の一日」を体験して、進学先ミスマッチをなくすことを目的とした進路学習プログラムである。通常の授業が行われている日に高校生が大学に行き、「普段の授業」を大学生と一緒に聴講するというものだが、ただ授業を聴講するだけでなく、授業前のガイダンスや授業後の振り返りワークなど、高校生の進路理解を深めるプログラムとして行われている点も特徴的である。

⑷ 進路に関する相談（進路相談）

生徒一人一人を対象として、個別相談あるいはグループ相談を通しながら、進路に関する悩みや課題を教師等に相談して解決を図ったり、望ましい進路の選択・決定や適応に必要な能力や態度を発達させる活動は、６つの領域の中でも、中核的な機能をもつ（第２章 **図2-1**参照）。

そもそも進路に関する相談は、学校における広義の教育相談の一部である（**図3-3**参照）。

図３－３　進路相談と教育相談との関係（文部省 1982）

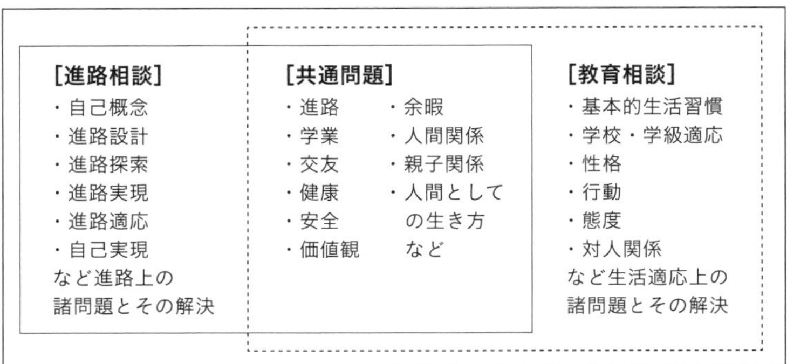

近年、進路に関する悩みも多様化しており、「自分がやりたいことが分からない」「希望する進路が保護者の意見と合わない」といった進路に関する相談を契機としながらも、様々な相談がなされている。具体的な指導や助言を必要とする場合にも、共感的態度による傾聴を必要とする場合にも対応できるように、事前の準備をしながらも、臨機応変な姿勢で臨むことが求められる。

また進路に関する相談では、保護者との連携を大切にすることが不可欠である。生徒の進路選択・決定にあたっては、保護者の希望や協力が大きな影響をもつ。最終学年になる前に三者面談を行い、生徒自身と保護者の希望の関係等を理解し、教師間で引き継ぎを行うことで共有しておくことも重要である。

⑸　進路選択・決定への指導

第２章でも述べたとおり、学校卒業者の次の進路にいたるまでの過程は、学校教育の総仕上げといわれており、教師による卒業後の進路の選択決定への支援は、移行支援として、その必要性が学校教育制度によって規定されている。そのため、就職や進学などの進路選択・決定に必要な情報を提供し、採用試験や入学試験までの具体的な計画や手順について援助を行うことは、多くの学校において進路指導の主要な活動となっている。

近年、入学試験、特に大学入試が多様化・複雑化しており、外部講師によるガイダンスなどを取り入れながら、最新の情報を提供し、個々の生徒のニーズに対応した指導や援助も長期にわたって行われている。

大学進学志望者にとって、入学校を決定するまでに経験する進路選択の機会としては、「進学するか否かの選択」「志望校の選択」「受験校の選択」「入学校の選択」がある（望月 2008)。「入学校選択」は、卒業後の進路の最終的な決定でもあり、進学後の離学や不適応との関わりも十分に予想される重要な選択機会である。入試方法によっては、結果がでる時期が生徒にとって自由登校期間や卒業後である場合もあり、教師との関わりが希薄となる可能性もある。こうした際には、教師から積極的に関わりを持つ姿勢が求められる。

近年、この時期の高大接携は「リメディアル教育[ii]」として推し進められているが、基礎学力を補うだけでなく、個々の生徒の進路選択・適応への援助を行うことにより、高等学校から大学への円滑な移行にもつながるだろう。

こうした援助は、教師以外の他者によってもなしうる。実際にアメリカでは、大学進学者に対する専門のカウンセラーが存在し、その指導の重要性が明らかになっている。

(6) 追指導

生徒が卒業後の進路先においてよりよく適応し、進歩・向上していくように援助する活動も、進路指導の領域に含まれる。進路先での不適応や中退・早期離職などの状況にある生徒に対しては、進路の再選択の援助を求められることもある。

卒業した生徒から援助を求められた際に、担任教師が退職していたり、転任している場合もあるため、進路指導部として対応が可能なように体制を整えておくことも必要である。

3　進路指導の評価

進路指導は全教育活動をとおした組織的・継続的・系統的指導であり、特定の教育活動にのみターゲットを定めて評価を行うことは本来的ではなく、いつ、どのように評価を行うかといった判断が難しい（竹内 2000）。

確かに進学・就職実績は数字で客観的に表すことができるため、進路指導の評価の指標として明確で便利なものである。しかし進路指導の評価を、「どこの学校に何名進学した」「就職内定率が何パーセントだ」といった卒業時点での進学・就職実績のみで行うことは不十分である。

文部省（1992）は、進路指導を評価することの意義について、以下の３点でまとめている。

表３-１　進路指導における評価の対象別観点（文部省 1992）

学校が行う進路指導	生徒の進路発達
1．進路指導の性格や指導方針を踏まえて指導に当たっているか。 2．地域や学校及び生徒の実態を踏まえて指導がなされているか。 3．指導計画には適切な内容・方法、時間等が配当されているか。 4．進路発達が促進されるよう、学年に応じた計画が考慮されているか。 5．生徒理解のための資料の収集・活用が図られているか。 6．社会の変化に対応した進路情報が収集・活用されているか。 7．進路相談が効果的に行われているか。 8．進路の選択決定の指導・援助や追指導が適切に行われているか。 9．進路指導推進のため、教師間の連携・協力が十分になされているか。 10．保護者との協力・連携が十分に図られているか。 11．進路指導の改善・充実のため、評価が計画的に行われているか。	1．将来の自分の生き方に責任を持ち、望ましい生き方を考えているか。 2．自己の能力・適性等、自己の総合的な理解を、現実的な条件に基づいて吟味し修正しているか。 3．啓発的な経験や体験学習を通して、職業や勤労の意義や役割について理解を深めているか。 4．産業や職業、上級学校等の情報に関する知識・理解は十分か。 5．暫定的な進路計画に検討を加え、よりよい計画を立案しているか。 6．進路の計画、選択・決定における主体性は十分に育成されているか。

1. 進路指導の評価は、その指導目標の在り方やその目標への到達の程度を吟味し、調整する意味を持っている。
2. 進路指導の評価は、指導のための組織や運営の在り方、あるいは指導内容・方法を吟味し、その後の改善に資する意味を持っている。
3. 進路指導の評価は、生徒一人一人の進路発達の過程を明確にして、その発達を一層促進するために欠かせないものである。

これらの点をふまえ、進路指導の定義や各学校で設定した目標と照らし合わせながら、**表3-1**で示したように「学校が行う進路指導（学校・教師側の評価）」と「生徒の進路発達（生徒側の評価）」の観点で評価を行うことが重要である。そのためにも、「生徒の進路発達を促すための教育環境や教師の働きかけは十分に適切か」「発達段階に応じて、個々の生徒の進路発達が十分になされているか」といった点を判断・評価するための情報を、さまざまな角度から収集することが必要である。

コラム　体験活動における自己調整学習

啓発的経験のような体験学習を生徒の進路選択に生かすには、その機会を学校が提供するにしても、生徒がみずから主体的に学び、自分を調整していくことが求められるだろう。

自己調整学習研究の第一人者であるZimmermanら（2011）によれば、自己調整学習とは「学習者が自分の目標を達成するために、体系的に方向づけられた認知、感情、行動を自分で活性化し、維持する諸過程のこと」である。櫻井（2019）は、自己調整学習を「心理学の多くの分野における研究成果を統合し、子どもたちが効果的[iii]に学習できるように考案された学習方法の総称」としている。**図3-4**で示したように、「予見」「遂行」「自己内省」という３つの段階で構成される循環的なプロセスを踏むものである。

まず「予見」段階は、学習の下準備の段階である。課題分析と自己動機づけのカテゴリーで構成されている。

体験学習の事前指導が、この段階にあたる。生徒自身が体験学習の目標を設定し、学習方略の計画を立てられるように指導・支援を行うことが望ましい。体験学習への興味関心を持たせたり、価値づけを行ったり、体験学習の遂行に対する自己効力感を高めることも重要である。

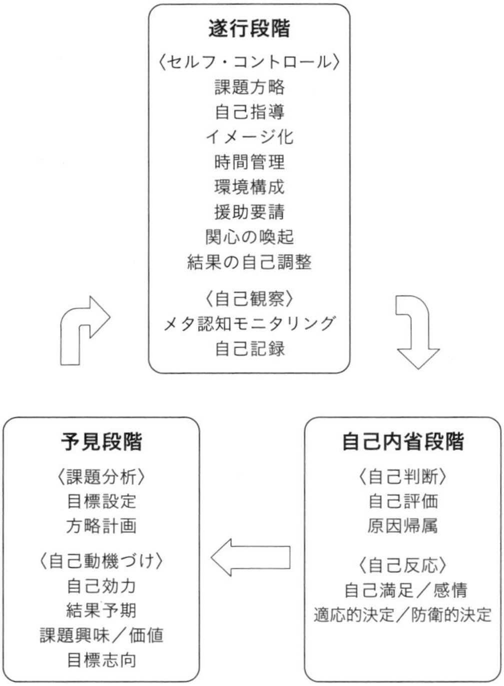

続いて「遂行」段階は、セルフ・コントロールと自己観察のカテゴリーで構成されている。

生徒が体験学習の遂行に集中できるように支援するとともに、その遂行状況を生徒自身が自己観察（モニタリングや記録の蓄積など）することをうながすことも求められる。この段階で、学習方略の調整や意欲の喚起が必要となることも少なくない。

図３－４　自己調整の循環的段階モデル（塚野 2012）

遂行段階
〈セルフ・コントロール〉
課題方略
自己指導
イメージ化
時間管理
環境構成
援助要請
関心の喚起
結果の自己調整
〈自己観察〉
メタ認知モニタリング
自己記録

自己内省段階
〈自己判断〉
自己評価
原因帰属
〈自己反応〉
自己満足／感情
適応的決定／防衛的決定

予見段階
〈課題分析〉
目標設定
方略計画
〈自己動機づけ〉
自己効力
結果予期
課題興味／価値
目標志向

最後に「自己内省」段階は、自己判断と自己反応のカテゴリーで構成されている。

体験学習の事後指導が、この段階にあたる。目的や目標に照らし合わせながら、生徒自身が体験学習の成果を自己判断（評価）し、その原因を省察できるよう指導・支援を行うことが望ましい。その仕方によって、その後の学習に対する期待感情や行動などが影響を受け、次なる学習やステップにおける「予見」段階へと循環していくのである。

❶中学校や高等学校の進路指導部や進路指導主事の先生について、どのような印象がありますか。なぜ、そのような印象があるのですか。

❷進路相談における教師の役割について、どのように思いますか。なぜ、そのように思うのですか。自分の経験も振り返りながら、考えてみましょう。

❸あなたにとって「望ましい」と思う進路指導は、どのような指導ですか。なぜ、そのように思うのですか。自分の経験を振り返ったり、今後予想される社会背景や雇用環境の変化も視野にいれながら、考えてみましょう。

【引用・参考文献】

望月由起, 2008,『進路形成に対する「在り方生き方指導」の功罪―高校進路指導の社会学―』東信堂.

文部省, 1982,『中学校・高等学校進路指導の手引　進路相談編』東山書房.

文部省, 1983,『中学校・高等学校進路指導の手引　改訂版　中学校学級担任編』日本進路指導協会.

文部省, 1992,『中学校・高等学校進路指導資料第1分冊―個性を生かす進路指導をめざして：生き方の探求と自己実現への道程―』海文堂出版.

櫻井茂男, 2019,『自ら学ぶ子ども―4つの心理的欲求を生かして学習意欲をはぐくむ』図書文化社.

竹内登規夫, 2000,「進路指導の評価と活用」仙崎武・野々村新・渡辺三枝子・菊池武剋編『入門 進路指導・相談』福村出版.

塚野州一, 2012「自己調整学習理論の概観」自己調整学習研究会編『自己調整学習―理論と実践の新たな展開へ』北大路書房.

Zimmerman, B. J. et al, 2011, *Handbook of self-regulation of learning and performance*. Routledge（＝2014, 塚野州一・伊藤崇達監訳『自己調整学習ハンドブック』北大路書房）.

【注】

i 平成27（2015）年に出された中央教育審議会「チームとしての学校の在り方と今後の改善方策について」（答申）では、「チームとしての学校」像として、「校長のリーダーシップの下、カリキュラム、日々の教育活動、学校の資源が一体的にマネジメントされ、教職員や学校内の多様な人材が、それぞれの専門性を生かして能力を発揮し、子供たちに必要な資質・能力を確実に身に付けさせることができる学校」を掲げている。

ii 日本リメディアル教育学会のホームページによると、「リメディアル教育」とは「学習・学修支援」であり、大学院生を含む高等教育機関に学ぶ全ての学生と入学を予定している高校生や学習者に対して、必要に応じてカレッジワークに係る支援を高等教育機関側が組織的・個別に提供する営み、またその科目・プログラム・サービスの総称である。

iii 櫻井は、ここで言う「効果的」を「適切な認知的方略やメタ認知的方略などを自発的に使用する」という意味で用いている。

第４章

キャリア教育の意義と機能

産業・経済の構造的変化や雇用の多様化・流動化、就職・就業をめぐる環境の変化、若者の進路意識や目的意識の希薄さなどを背景に、生涯にわたって主体的に自らのキャリアを形成するために必要な資質・能力を育む教育が求められている。

本章では、こうした状況の下で急速に推し進められてきたキャリア教育の意義・機能についてみていく。

1　キャリア教育が必要となった背景

キャリア教育の重要性が叫ばれるようになった背景には、20世紀後半におきた地球規模の情報技術革新に起因する社会経済・産業的変化の国際化、グローバリゼーションがある（文部科学省 2011a, 2011b, 2012）。今後は、人口減による社会システムの変化やIoT・AIなどの科学技術のさらなる進歩も予想されている。

図4-1　キャリア教育が必要となった課題と背景（文部科学省 2011a, 2011b, 2012）

情報化・グローバル化・少子高齢化・消費社会等

学校から社会への移行をめぐる課題

① 社会環境の変化
・新規学卒者に対する求人状況の変化
・求職希望者と求人希望との不適合の拡大
・雇用システムの変化

② 若者自身の資質等をめぐる課題
・勤労観，職業観の未熟さと確立の遅れ
・社会人，職業人としての基礎的資質・能力の発達の遅れ
・社会の一員としての経験不足と社会人としての意識の未発達傾向

子どもたちの生活・意識の変容

① 子どもたちの成長・発達上の課題
・身体的な早熟傾向に比して，精神的・社会的自立が遅れる傾向
・生活体験・社会体験等の機会の喪失

② 高学歴社会における進路の未決定傾向
・職業について考えることや，職業の選択，決定を先送りにする傾向の高まり
・自立的な進路選択や将来計画が希薄なまま，進学，就職する者の増加

学校教育に求められている姿

「生きる力」の育成
～確かな学力，豊かな人間性，健康・体力～

社会人として自立した人を育てる観点から
・学校の学習と社会とを関連付けた教育
・生涯にわたって学び続ける意欲の向上
・社会人としての基礎的資質・能力の育成
・自然体験，社会体験等の充実
・発達に応じた指導の継続性
・家庭･地域と連携した教育

キャリア教育の推進

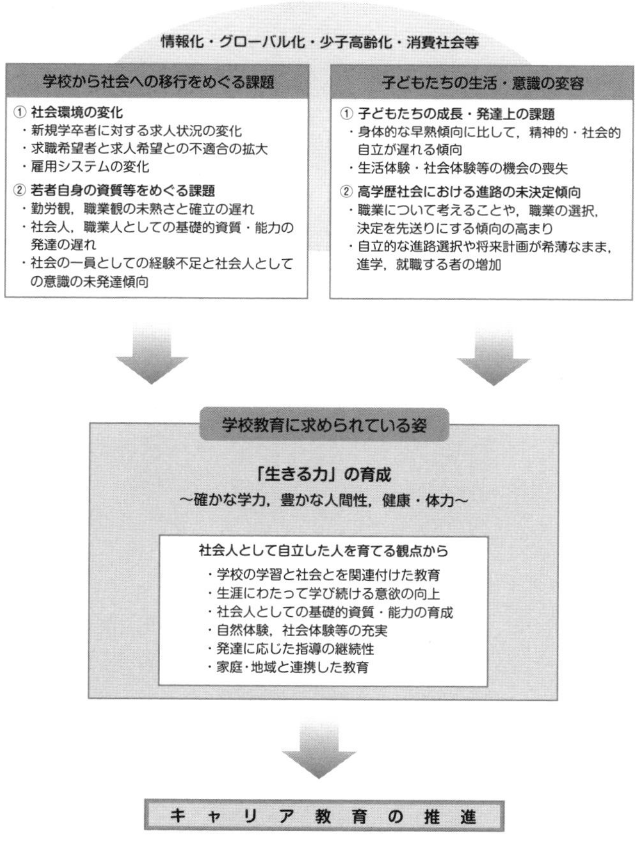

こうした状況の下、**図4－1**で示したように、社会環境の激しい変化に流されることなく、様々な課題に柔軟かつたくましく対応し、生涯にわたって主体的に自らのキャリアを形成するために必要な資質・能力を育むための教育が、今後の学校には強く求められている。

2　職業観・勤労観[1]を育む教育

そもそも日本の学校においては、「キャリア教育」と銘打っておらずとも、日々の教育活動の中で、生徒のキャリア形成に寄与するような様々な働きかけがなされてきた。ただしその多くは、「結果として」寄与したのであり、それを当初より「ねらいとして」はいないものである。

第１章において示したように、キャリア教育として意図的に取り組みはじめたのは、平成11（1999）年の「接続答申」が出されてからのことである。この答申では、以下のように「キャリア教育」という用語を公文書として初めて用い、小学校段階からの実施を求めている。

> 学校と社会及び学校間の円滑な接続を図るためのキャリア教育（望ましい職業観・勤労観及び職業に関する知識や技能を身に付けさせるとともに、自己の個性を理解し、主体的に進路を選択する能力・態度を育てる教育）を小学校段階から発達段階に応じて実施する必要がある。

この定義からも分かるように、キャリア教育では、職業に関する知識や技能だけでなく、望ましい職業観・勤労観も身につけさせることを目標としており、その実施については、以下のように明示している。

> キャリア教育の実施に当たっては家庭・地域と連携し、体験的な学習を重視するとともに、各学校ごとに目標を設定し、教育課程に位置付けて計画的に行う必要がある。また、その実施状況や成果について絶えず評価を行うことが重要である。

これを契機に、進路指導を中核としながら、キャリア教育は急速に推し進められることとなった。さらに「小学校段階から」と明示されたことにより、これまで進路指導を行ってきた中学校や高等学校だけでなく、小学校でもキャリア教育は実施されることになったのである。

平成14（2002）年には「キャリア教育の推進に関する総合的調査研究協力者会議」が設置され、専門家による検討も深められた。平成16（2004）年にまとめられた報告書では、キャリア教育の意義として以下の３点を挙げ、学校の全ての教育活動を通して推進するものとしている。

①キャリア教育は、「一人一人のキャリア発達や個としての自立を促す視点から、従来の教育の在り方を幅広く見直し、改革していくための理念と方向性を示すもの」であることから、これからの教育改革の理念と方向性を示すという意義。

②「キャリアが子どもたちの発達段階やその発達課題の達成と深くかかわりながら段階を追って発達していくこと」を踏まえ、子どもたちの成長・発達を支援する立場に立った取り組みを推進する教育としての意義。

③キャリア教育の推進によって、「各領域の関連する諸活動を体系化し計画的、組織的に実施することができるよう、各学校が教育課程編成の在り方を見直していくこと」が必要となることから、教育課程の改善が促されるという意義。

また、国立教育政策研究所生徒指導研究センターによる調査研究報告書「児童生徒の職業観・勤労観を育む教育の推進について」（2002）では、職業観・勤労観を以下のように説明し、その育成が極めて重要であると示している。

> 職業や勤労についての知識・理解及びそれらが人生で果たす意義や役割についての個々人の認識であり、職業・勤労に対する見方・考え方、態度等を内容とする価値観である。その意味で、職業・勤労を媒体とした人生観ともいうべきものであって、人が職業や勤労を通してどのような生き方を選択するかの基準となり、また、その後の生活によりよく適応するための基盤となるものである。

さらにこの報告書では、学校段階別にみた職業的（進路）発達段階および職業的（進路）発達課題を示し、これらの課題達成との関連で育成することが期待される具体的な能力・態度について、一般的な目安として、「人間関係形成能力」「情報活用能力」「将来設計能力」「意思決定能力」の４つの能力領域に大別した上で、各領域を２つの具体的な能力に分けて「４領域８能力」として提示している。

その上で、これらを組み合わせた学習プログラムの枠組みを「児童生徒の職業的（進路）発達の見取り図ともいうべきもの」として**表4－1**のように例示し、「実践に当たっては、４つの能力は相互に深く影響を与えあうこと、一つの活動によって複数の能力・態度の伸長が可能であることなどに留意し、全ての段階（学年）において、４つの能力の全体を総合的に発達させることを目指して取り組むようにすることが大切である」と指摘している。

この枠組みは、小学校の低・中・高学年、中学校、高等学校のそれぞれの段階における到達目標を具体的に示しており、キャリア教育の計画や指導案を作成する際の一定の指針となった。しかし、「高等学校までの想定にとどまっているため、生涯を通じて育成される能力という観点が薄く、社会人として実際に求められる能力との共通言語となっていない」「提示されている能力は例示にもかかわらず、学校現場では固定的に捉えられている場合が多い」「領域や能力の説明について十分な理解がなされないまま、能力等の名称の語感や印象に依拠した実践が散見される」といった問題点も指摘されている。

このように学校教育にキャリア教育が導入されて以来、職業観・勤労観の醸成は主たる課題として位置づけられてきた。その背景には、フリーター[ii]やニート[iii]、新規学卒者の早期離職率など、当時の若年雇用対策が喫緊の課題となっていたことが大きい。であるがゆえに、「草創期のキャリア教育」と称される当時のキャリア教育の特質は、本来「キャリア」の一部分である「職業人としての役割」に焦点をしぼっていた点にあり、その役割を果たすうえで求められる価値観やそれに基づく情意形成を図るために、職場での実体験を中核とした手法が採用されていた。

表４－１

○職業観・勤労観を育む学習プログラムの枠組み（例）－職業的（進路）発達にかかわる諸能力の

			小学校		
			低学年	中学年	高学年
職業的（進路）発達の段階			進路の探索・選択にかかる基盤形成の時期		
○職業的（進路）発達課題（小～高等学校段階） 各発達段階において達成しておくべき課題を，進路・職業の選択能力及び将来の職業人として必要な資質の形成という側面から捉えたもの。			・自己及び他者への積極的関心の形成・発展 ・身のまわりの仕事や環境への関心・意欲の向上 ・夢や希望，憧れる自己イメージの獲得 ・勤労を重んじ目標に向かって努力する態度の形成		
職業的（進路）発達にかかわる諸能力			職業的（進路）発達を促すために		
領域	領域説明	能力説明			
人間関係形成能力	他者の個性を尊重し，自己の個性を発揮しながら，様々な人々とコミュニケーションを図り，協力・共同してものごとに取り組む。	【自他の理解能力】 自己理解を深め，他者の多様な個性を理解し，互いに認め合うことを大切にして行動していく能力	・自分の好きなことや嫌なことをはっきり言う。 ・友達と仲良く遊び，助け合う。 ・お世話になった人などに感謝し親切にする。	・自分のよいところを見つける。 ・友達のよいところを認め，励まし合う。 ・自分の生活を支えている人に感謝する。	・自分の長所や欠点に気付き，自分らしさを発揮する。 ・話し合いなどに積極的に参加し，自分と異なる意見も理解しようとする。
		【コミュニケーション能力】 多様な集団・組織の中で，コミュニケーションや豊かな人間関係を築きながら，自己の成長を果たしていく能力	・あいさつや返事をする。 ・「ありがとう」や「ごめんなさい」を言う。 ・自分の考えをみんなの前で話す。	・自分の意見や気持ちをわかりやすく表現する。 ・友達の気持ちや考えを理解しようとする。 ・友達と協力して，学習や活動に取り組む。	・思いやりの気持ちを持ち，相手の立場に立って考え行動しようとする。 ・**異年齢集団の活動に進んで参加し，役割と責任を果たそうとする。**
情報活用能力	学ぶこと・働くことの意義や役割及びその多様性を理解し，幅広く情報を活用して，自己の進路や生き方の選択に生かす。	【情報収集・探索能力】 進路や職業等に関する様々な情報を収集・探索するとともに，必要な情報を選択・活用し，自己の進路や生き方を考えていく能力	・**身近で働く人々の様子が分かり，興味・関心を持つ。**	・**いろいろな職業や生き方があることが分かる。** ・分からないことを，図鑑などで調べたり，質問したりする。	・**身近な産業・職業の様子やその変化が分かる。** ・**自分に必要な情報を探す。** ・気付いたこと，分かったことや個人・グループでまとめたことを発表する。
		【職業理解能力】 様々な体験等を通して，学校で学ぶことと社会・職業生活との関連や，今しなければならないことなどを理解していく能力	・**係や当番の活動に取り組み，それらの大切さが分かる。**	・**係や当番活動に積極的にかかわる。** ・**働くことの楽しさが分かる。**	・**施設・職場見学等を通し，働くことの大切さや苦労が分かる。** ・**学んだり体験したりしたことと，生活や職業との関連を考える。**
将来設計能力	夢や希望を持って将来の生き方や生活を考え，社会の現実を踏まえながら，前向きに自己の将来を設計する。	【役割把握・認識能力】 生活・仕事上の多様な役割や意義及びその関連等を理解し，自己の果たすべき役割等についての認識を深めていく能力	・**家の手伝いや割り当てられた仕事・役割の必要性が分かる。**	・**互いの役割や役割分担の必要性が分かる。** ・**日常の生活や学習と将来の生き方との関係に気付く。**	・**社会生活にはいろいろな役割があることやその大切さが分かる。** ・**仕事における役割の関連性や変化に気付く。**
		【計画実行能力】 目標とすべき将来の生き方や進路を考え，それを実現するための進路計画を立て，実際の選択行動等で実行していく能力	・**作業の準備や片づけをする** ・**決められた時間やきまりを守ろうとする。**	・**将来の夢や希望を持つ。** ・**計画づくりの必要性に気付き，作業の手順が分かる。** ・学習等の計画を立てる。	・**将来のことを考える大切さが分かる。** ・**憧れとする職業を持ち，今，しなければならないことを考える。**
意思決定能力	自らの意志と責任でよりよい選択・決定を行うとともに，その過程での課題や葛藤に積極的に取り組み克服する。	【選択能力】 様々な選択肢について比較検討したり，葛藤を克服したりして，主体的に判断し，自らにふさわしい選択・決定を行っていく能力	・**自分の好きなもの，大切なものを持つ。** ・学校でしてよいことと悪いことがあることが分かる。	・**自分のやりたいこと，よいと思うことなどを考え，進んで取り組む。** ・してはいけないことが分かり，自制する。	・**係活動などで自分のやりたい係，やれそうな係を選ぶ。** ・教師や保護者に自分の悩みや葛藤を話す。
		【課題解決能力】 意思決定に伴う責任を受け入れ，選択結果に適応するとともに，希望する進路の実現に向け，自ら課題を設定してその解決に取り組む能力	・**自分のことは自分で行おうとする。**	・**自分の仕事に対して責任を感じ，最後までやり通そうとする。** ・**自分の力で課題を解決しようと努力する。**	・生活や学習上の課題を見つけ，自分の力で解決しようとする。 ・**将来の夢や希望を持ち，実現を目指して努力しようとする。**

育成の視点から　※　太字は，「職業観・勤労観の育成」との関連が特に強いものを示す

中　学　校	高　等　学　校
現実的探索と暫定的選択の時期	現実的探索・試行と社会的移行準備の時期
・肯定的自己理解と自己有用感の獲得 ・興味・関心等に基づく職業観・勤労観の形成 ・進路計画の立案と暫定的選択 ・生き方や進路に関する現実的探索	・自己理解の深化と自己受容 ・選択基準としての職業観・勤労観の確立 ・将来設計の立案と社会的移行の準備 ・進路の現実吟味と試行的参加
育成することが期待される具体的な能力・態度	
・**自分の良さや個性が分かり，他者の良さや感情を理解し，尊重する。** ・自分の言動が相手や他者に及ぼす影響が分かる。 ・自分の悩みを話せる人を持つ。	・**自己の職業的な能力・適性を理解し，それを受け入れて伸ばそうとする。** ・他者の価値観や個性のユニークさを理解し，それを受け入れる。 ・互いに支え合い分かり合える友人を得る。
・**他者に配慮しながら，積極的に人間関係を築こうとする。** ・**人間関係の大切さを理解し，コミュニケーションスキルの基礎を習得する。** ・**リーダーとフォロアーの立場を理解し，チームを組んで互いに支え合いながら仕事をする。** ・新しい環境や人間関係に適応する。	・自己の思いや意見を適切に伝え，他者の意志等を的確に理解する。 ・**異年齢の人や異性等，多様な他者と，場に応じた適切なコミュニケーションを図る。** ・**リーダー・フォロアーシップを発揮して，相手の能力を引き出し，チームワークを高める。** ・新しい環境や人間関係を生かす。
・**産業・経済等の変化に伴う職業や仕事の変化のあらましを理解する。** ・**上級学校・学科等の種類や特徴及び職業に求められる資格や学習歴の概略が分かる。** ・**生き方や進路に関する情報を，様々なメディアを通して調査・収集・整理し活用する。** ・必要応じ，獲得した情報に創意工夫を加え，提示，発表，発信する。	・**卒業後の進路や職業・産業の動向について，多面的・多角的に情報を集め検討する。** ・就職後の学習の機会や上級学校卒業時の就職等に関する情報を探索する。 ・**職業生活における権利・義務や責任及び職業に就く手続き・方法などが分かる。** ・調べたことなどを自分の考えを交え，各種メディアを通して発表・発信する。
・**将来の職業生活との関連の中で，今の学習の必要性や大切さを理解する。** ・**体験等を通して，勤労の意義や働く人々の様々な思いが分かる。** ・係・委員会活動や職場体験等で得たことを，以後の学習や選択に生かす。	・**就業等の社会参加や上級学校での学習等に関する探索的・試行的な体験に取り組む。** ・**社会規範やマナー等の必要性や意義を体験を通して理解し，習得する。** ・**多様な職業観・勤労観を理解し，職業・勤労に対する理解・認識を深める。**
・**自分の役割やその進め方，よりよい集団活動のための役割分担やその方法等が分かる。** ・**日常の生活や学習と将来の生き方との関係を理解する。** ・**様々な職業の社会的役割や意義を理解し，自己の生き方を考える。**	・**学校・社会において自分の果たすべき役割を自覚し，積極的に役割を果たす。** ・**ライフステージに応じた個人的・社会的役割や責任を理解する。** ・**将来設計に基づいて，今取り組むべき学習や活動を理解する。**
・**将来の夢や職業を思い描き，自分にふさわしい職業や仕事への関心・意欲を高める。** ・**進路計画を立てる意義や方法を理解し，自分の目指すべき将来を暫定的に計画する。** ・**将来の進路希望に基づいて当面の目標を立て，その達成に向けて努力する。**	・**生きがい・やりがいがあり自己を生かせる生き方や進路を現実的に考える。** ・**職業についての総合的・現実的な理解に基づいて将来を設計し，進路計画を立案する。** ・**将来設計，進路計画の見直し再検討を行い，その実現に取り組む。**
・**自己の個性や興味・関心等に基づいて，よりよい選択をしようとする。** ・**選択の意味や判断・決定の過程，結果には責任が伴うことなどを理解する。** ・教師や保護者と相談しながら，当面の進路を選択し，その結果を受け入れる。	・**選択の基準となる自分なりの価値観，職業観・勤労観を持つ。** ・**多様な選択肢の中から，自己の意志と責任で当面の進路や学習を主体的に選択する。** ・**進路希望を実現するための諸条件や課題を理解し，実現可能性について検討する。** ・**選択結果を受容し，決定に伴う責任を果たす。**
・学習や進路選択の過程を振り返り，次の選択場面に生かす。 ・**よりよい生活や学習，進路や生き方等を目指して自ら課題を見出していくことの大切さを理解する。** ・**課題に積極的に取り組み，主体的に解決していこうとする。**	・**将来設計，進路希望の実現を目指して，課題を設定し，その解決に取り組む。** ・**自分を生かし役割を果たしていく上での様々な課題とその解決策について検討する。** ・理想と現実との葛藤経験等を通し，様々な困難を克服するスキルを身につける。

3　社会的・職業的自立に向けた教育

近年は、産業や就業の構造の変化が激しい中で、そこで働く個人の「エンプロイヤビリティ（雇用される能力）」が問われるようになった。この能力を高めるためには、特定の職種に対する専門的な知識や能力だけでなく、コミュニケーション能力や協調性といった「コンピテンシー（課題遂行能力）」が重要視されるようになり、学校においてもこうした能力や態度を育成することが求められている。

平成23（2011）年の「在り方答申」では、「キャリア」とは「人が生涯の中で様々な役割を果たす過程で、自らの役割の価値や自分と役割との関係を見いだしていく連なりや積み重ね」と定義付けている。その上で、キャリア教育を「一人一人の社会的・職業的自立に向け、必要となる能力や態度を育てることを通して、キャリア発達を促す教育」と新たに定義づけ、主体的に選択した役割を適切に遂行し、自立的に職業生活・市民生活を営んでいく力を育成することを強調している。この「役割」には多様な役割を含んでおり、「働くことや職業」に焦点を当てた教育から、ライフキャリアを視野に入れた教育への転換を示唆している（詳細は、第９章を参照のこと）。

この答申では、その意義・効果について、以下のように示している。

- ●第一に、キャリア教育は、一人一人のキャリア発達や個人としての自立を促す視点から、学校教育を構成していくための理念と方向性を示すものである。各学校がこの視点に立って教育の在り方を幅広く見直すことにより、教職員に教育の理念と進むべき方向が共有されるとともに、教育課程の改善が促進される。
- ●第二に、キャリア教育は、将来、社会人・職業人として自立していくために発達させるべき能力や態度があるという前提に立って、各学校段階で取り組むべき発達課題を明らかにし、日々の教育活動を通して達成させることを目指すものである。このような視点に立って教育活動を展開することにより、学校教育が目指す全人的成長・発達を促すことができる。

●第三に、キャリア教育を実践し、学校生活と社会生活や職業生活を結び、関連付け、将来の夢と学業を結び付けることにより、生徒・学生等の学習意欲を喚起することの大切さが確認できる。このような取組を進めることを通じて、学校教育が抱える様々な課題への対処に活路を開くことにもつながるものと考えられる。

またこの答申ではキャリア教育について、「キャリア発達を促す教育」と明示している。各校種におけるキャリア発達の課題については、**図4-2**から**図4-4**のように学年等に配慮して捉えることが重要である。

図4-2　小学校におけるキャリア発達課題（文部科学省 2011a)

低学年	中学年	高学年
①小学校生活に適応する。 ②身の回りの事象への関心を高める。 ③自分の好きなことを見つけて，のびのびと活動する。	①友だちと協力して活動する中でかかわりを深める。 ②自分の持ち味を発揮し，役割を自覚する。	①自分の役割や責任を果たし，役立つ喜びを体得する。 ②集団の中で自己を生かす。

図4-3　中学校におけるキャリア発達課題（文部科学省 2011b)

中学校段階でのキャリア発達課題		
○キャリア発達段階 ⇒現実的探索と暫定的選択の時期 ○キャリア発達課題 ・肯定的自己理解と自己有用感の獲得 ・興味・関心等に基づく勤労観・職業観の形成 ・進路計画の立案と暫定的選択 ・生き方や進路に関する現実的探索		
各学年におけるキャリア発達課題の例		
1年生	2年生	3年生
・自分の良さや個性が分かる。 ・自己と他者の違いに気付き，尊重しようとする。 ・集団の一員としての役割を理解し，それを果たそうとする。 ・将来に対する漠然とした夢やあこがれを抱く。	・自分の言動が他者に及ぼす影響について理解する。 ・社会の一員としての自覚が芽生えるとともに，社会や大人を客観的にとらえる。 ・将来への夢を達成する上での現実の問題に直面し，模索する。	・自己と他者の個性を尊重し，人間関係を円滑に進める。 ・社会の一員としての参加には義務と責任が伴うことを理解する。 ・将来設計を達成するための困難を理解し，それを克服するための努力に向かう。

（文部科学省『小学校・中学校・高等学校 キャリア教育推進の手引』（平成18年11月）をもとに作成）

図4－4　高等学校におけるキャリア発達課題（文部科学省 2012）

高等学校段階でのキャリア発達課題	
○ **キャリア発達段階 → 現実的探索・試行と社会的移行準備の時期** ○ **キャリア発達課題** ・自己理解の深化と自己受容 ・選択基準としての勤労観，職業観の確立 ・将来設計の立案と社会的移行の準備 ・進路の現実吟味と試行的参加	
高等学校段階におけるキャリア発達の特徴の例	
入学から在学期間半ば頃まで	在学期間半ば頃から卒業を間近にする頃まで
・新しい環境に適応するとともに他者との望ましい人間関係を構築する。 ・新たな環境の中で自らの役割を自覚し，積極的に役割を果たす。 ・学習活動を通して自らの勤労観，職業観について価値観の形成を図る。 ・様々な情報を収集し，それに基づいて自分の将来について暫定的に決定する。 ・進路希望を実現するための諸条件や課題を理解し，検討する。 ・将来設計を立案し，今取り組むべき学習や活動を理解し実行に移す。	・他者の価値観や個性を理解し，自分との差異を認めつつ受容する。 ・卒業後の進路について多面的・多角的に情報を集め，検討する。 ・自分の能力・適性を的確に判断し，自らの将来設計に基づいて，高校卒業後の進路について決定する。 ・進路実現のために今取り組むべき課題は何かを考え，実行に移す。 ・理想と現実との葛藤や経験等を通し，様々な困難を克服するスキルを身に付ける。

（文部科学省『小学校・中学校・高等学校キャリア教育推進の手引』（平成18年11月）を基に作成）

さらに「在り方答申」では、**図4－5**にように「分野や職業にかかわらず、社会的・職業的自立に向けて必要となる能力」を５つのカテゴリーで示している。中でも下表の「基礎的・汎用的能力」は、キャリア教育での育成が特に期待されている。

【人間関係形成・社会形成能力】

多様な他者の考えや立場を理解し、相手の意見を聴いて自分の考えを正確に伝えることができるとともに、自分の置かれている状況を受け止め、役割を果たしつつ他者と協力・協働して社会に参画し、今後の社会を積極的に形成することができる力である。（中略）具体的な要素としては、例えば、他者の個性を理解する力、他者に働きかける力、コミュニケーション・スキル、チームワーク、リーダーシップ等が挙げられる。

【自己理解・自己管理能力】

自分が「できること」「意義を感じること」「したいこと」について、社会との相互関係を保ちつつ、今後の自分自身の可能性を含めた肯定的な理解に基づき主体的に行動すると同時に、自らの思考や感情を律し、かつ、今後の成長のために進んで学ぼうとする力である。（中略）具体的な要素としては、例えば、自己の役割の理解、前向きに考える力、自己の動機付け、忍耐力、ストレスマネジメント、主体的行動等が挙げられる。

【課題対応能力】

仕事をする上での様々な課題を発見・分析し、適切な計画を立ててその課題を処理し、解決することができる力である。（中略）具体的な要素としては、情報の理解・選択・処理等、本質の理解、原因の追究、課題発見、計画立案、実行力、評価・改善等が挙げられる。

【キャリアプランニング能力】

「働くこと」の意義を理解し、自らが果たすべき様々な立場や役割との関連を踏まえて「働くこと」を位置付け、多様な生き方に関する様々な情報を適切に取捨選択・活用しながら、自ら主体的に判断してキャリアを形成していく力である。（中略）具体的な要素としては、例えば、学ぶこと・働くことの意義や役割の理解、多様性の理解、将来設計、選択、行動と改善等が挙げられる。

図4－5　「社会的・職業的自立、社会・職業への円滑な移行に必要な力」
（中央教育審議会 2011）

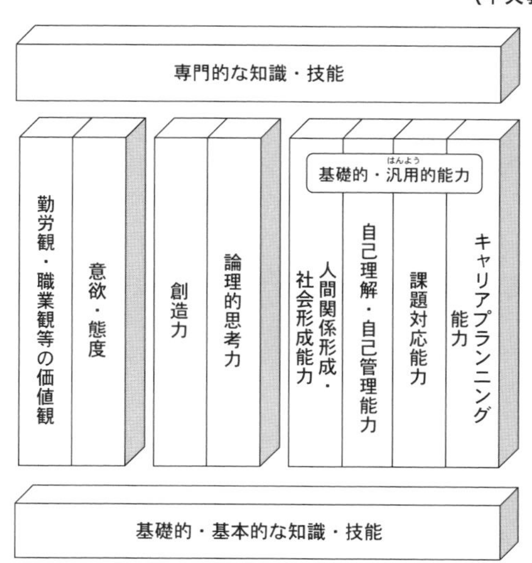

図4－6　キャリア発達にかかわる諸能力（文部科学省 2011a, 2011b, 2012）

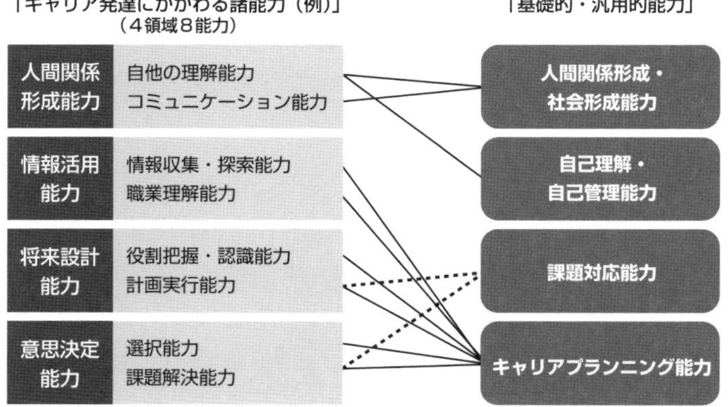

図4－6は、「キャリア発達にかかわる諸能力（４領域８能力）」と「基礎的・汎用的能力」の関係をあらわしたものである。破線は、両者の関係性が相対的に見て弱いことを示している。「計画実行能力」「課題解決能力」という名称からは「課題対応能力」と密接なつながりが連想されるが、能力の説明等までを視野におさめた場合、「４領域８能力」では、「基礎的・汎用的能力」における「課題対応能力」に相当する能力について、必ずしも前面に出されてはいなかったことが分かる。「課題対応能力」と「自己管理能力」は現在の環境を受け入れ、それに自分を適応させることを求めるものであり、「基礎的・汎用的能力」のポイントの一つといえるだろう。

4　日々の教育活動の重要性

「基礎的・汎用的能力」は、新たな学習プログラムによってのみ育成されるものではない。「在り方答申」においても、「そのねらいを実現させるためには、関連する様々な取組が各学校の教育課程に適切に位置付けられ、計画性と体系性を持って展開されることが必要である。」と提言し、留意すべき点として「キャリア教育はそれぞれの学校段階で行っている教科・科目等の教育活動を通じて取り組むものであり、単に特定の活動のみを実施すればよいということや、新たな活動を単に追加すればよいということではないということである。」と、学校における日々の教育活動の重要性を改めて述べている（詳細は、第6章を参照のこと）。

生徒の日常の学習態度や生活態度は、自身の進路や将来設計に関心・意欲を持つことによって大きな影響を受ける。教師がキャリア教育の視点からも日々の教育活動をとらえることにより、「日常の学習や生活が将来どのように役立ちうるのか」といった視点を彼らにも与えることとなり、現在の日常の学習や生活に対する姿勢の改善や、学び全般に対する意欲の向上にもつながることも期待できる。

また彼らの日常の学習態度や生活態度は、自身の進路や将来設計に関心・意欲を持つことによって大きな影響を受ける。教師がキャリア教育の視点からも日々の教育活動を捉えることにより、「日常の学習や生活が将来どのように役立ちうるのか」といった視点を生徒にも与えることとなり、現在の日常の学習や生活に対する姿勢の改善や、学び全般に対する意欲の向上にもつながる。

学校にキャリア教育が導入された当初は、日々の教育活動とは別の新たな学習プログラムとして、財政支援を受けながら学校に導入された取り組みもみられた。こうした取り組みは、先進的な取り組みとして目を引く一方で、学校に根付かせることが難しいといった課題も孕んでいる。キャリア教育と称される様々な取り組みが、実体を伴って学校教育に根付いていくためにも、日々の教育活動におけるキャリア教育について、実践レベルでの検討や実証を重ねていく姿勢が必要である。

5 「自己実現」に向けた基礎的欲求や社会正義への着目

これまで示してきたように、キャリア教育は学校教育の現場からの要望や必要性に基づくボトムアップ型ではなく、行政主導のトップダウン型で急速に推進されてきた。児美川（2007）によれば、「政策としてのキャリア教育」には

「態度主義」「心理主義」「適応主義」的な性格が強くみられるという。確かにキャリア教育に関する政策文書や先進事例に目を向けると、職業や勤労に対する使命感・責任感や諸リスクへの対応といった現実原則的な側面よりも、「自己」に基点をおき、個人の「夢や憧れ、希望」「主体的な選択」といった自己実現的な側面の育成を目指すものが多くみられる。

新学習指導要領では、特別活動において育成すべき資質・能力の視点を「人間関係形成」「社会参画」「自己実現」に整理しているが、「自己実現」を目標として安易に掲げ、「自己実現を果たしたいという想い」が生徒に出現する前に、「自己実現のための教育」を一方的に押し付けることは、教師の自己満足になりかねない。

マズロー（Maslow, A. H.）は、いわゆる「自己実現理論」として人間の欲求の階層を主張し、「生理的欲求」「安全欲求」「所属欲求」「承認欲求」「自己実現欲求」の各段階から論じている。「自己実現」とは「人の自己充足への願望、すなわちその人が潜在的にもっているものを実現しようとする傾向」であり、この欲求は通常、「生理的欲求」「安全欲求」「所属欲求」「承認欲求」といった基礎的欲求が先立って満足された場合に出現するという（**図4－7**参照）。これらの基礎的欲求は欠乏欲求と呼ばれる範囲であり、不足すると不満足が生じるものである。

この主張に依拠するならば、生徒の状況によっては、将来の生き方や進路を見据えた「自己実現」に一足飛びに焦点をあてるのではなく、現在、欠乏している基礎的欲求にも目を向けるべきであろう。生徒の「自己実現欲求」の出現に近づけるためにも、個々の生徒の状況に応じた基礎的欲求への支援を行うことは、キャリア教育の意義

図4－7　人間の欲求の階層
（マズロー 1954に基づき、筆者作成）

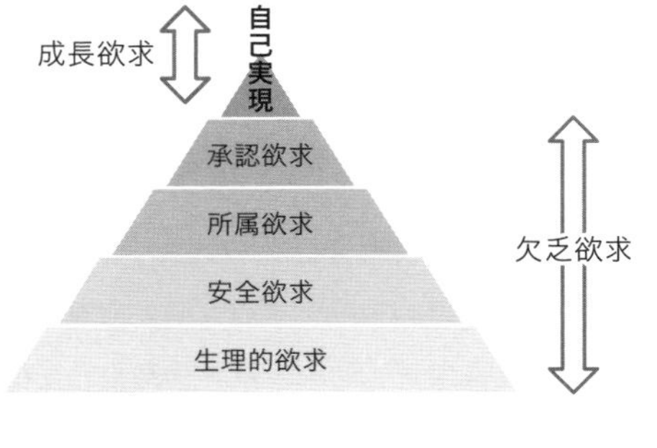

の一つと言えるのではなかろうか。

基礎的欲求への支援は、社会正義に対する意義ともいえる。現在、社会正義に対するキャリア教育の意義や貢献については、世界的な議論となっている。三村（2020）は、「キャリア教育を実施する上で、様々な不利益を被っている人たちがその学びや就労のギャップを公正・公平の理念で埋めていくこと」を社会正義とし、障害をもつ生徒、貧困家庭の生徒、外国籍の生徒など、キャリア形成の機会の上で不利益を被る子供たちがますます増えるであろうと指摘している。下村（2020）は、「現在、公的に推進されているキャリア教育が、主に中間層に対する基礎的・基本的な社会人・職業人としての基礎を形づくるものであるとすれば、一方で、様々な事情から将来に向けた選択肢が狭められている子供が自らキャリアを切り拓いていけるよう手厚い対応を行うキャリア教育も必要である」と提言している。

現代の日本社会における学校は、教育を担う機関であると同時に、職業や所得などの社会・経済的地位を左右しうる機能をもつ。しかし「偉大な平等化の装置」であるはずの学校が、実際には階層の継承を正当化した「不平等の再生産装置」でもあることも明らかにされてきた（詳細は、第９章を参照のこと）。こうした「学校」という場で展開されるキャリア教育は、「中間層に対する基礎的・基本的な社会人・職業人としての基礎を形づくる」だけでなく様々な影響を及ぼしうるものであり、その意義や可能性についても目を向けるべきであろう。

コラム　「自己実現」と「社会貢献」を両輪としたキャリア教育

キャリア教育の目標として「自己実現」を掲げる学校は多いが、「自己」を基点におくことが困難な生徒が珍しくない状況とともに、「自己実現」に過度に重きをおく教育の危険性も看過してはいけない。

望月（2008）は、夢や希望に向けての地道な努力やプロセスの重要性を十分に説くことなく、個人の希望や価値観を過度に尊重した「夢探し」に終始し、飽くなき「自己実現」の追求を促す教育に陥ることのリスクを実証的に示している。山田（2007）によれば、仮想的な有能感を持つ者は、現実とのギャップに直面すると劣等感や優越感で傷つきやすく、過度の自己実現欲求は、仮想的有能感や非現実的な自己像につながる場合があり、希望が叶わない場合の進路変更を困難にするという。

「在り方答申」にもあるように、「働くこと」とは、広くとらえれば、人が果たす多様な役割の中で、「自分の力を発揮して社会（あるいはそれを構成する個人や集団）に貢献すること」と考えることができる。それは、家庭生活の中での役割や、地域の中で市民として社会参加する役割等も含まれている。同様に、学校や学級といった社会の中にも、生徒が果たす多様な役割がある。その社会への貢献のために、自分が希望する役割、主体的に選択した役割だけでなく、自分に期待される役割、思いがけず担うことになった役割でも責任をもって担い、やり遂げるような経験も必要ではなかろうか。「基礎的・汎用的能力」の重要な要素である「課題対応能力」の育成には、むしろこうした機会が重要である。

生徒にとっては、「なぜ、自分が…」といった戸惑いや憤りもあるかもしれない。しかし、こうした経験に対する教師や友人達からの評価（優劣ではなく、励ましや感謝の思いなど）をうまく取り入れていくことにより、彼らの自己効力感や自己肯定感を高め、進路選択の可能性を拡げることにもつながるだろう。

学校という場だからこそ、教師という支えがあるからこそ、友人という存在がいるからこそ、できるキャリア教育があるのではないか。日々の教育活動を活かしながら、「自己実現」と「社会貢献」を両輪としたキャリア教育を学校には期待したい。

❶社会的・職業的自立とは、どのような状態を指すと思いますか。なぜ、そのように思うのですか。

❷学校において、日々のどのような教育活動の中で、基礎的・汎用的能力のどのようなチカラを育むことができると思いますか。なぜ、そのように思うのですか。自分の経験もふまえて、考えてみましょう。

❸新学習指導要領では、なぜキャリア教育に着目していると思いますか。予想される社会背景や雇用環境の変化も視野にいれながら、考えてみましょう。

【引用・参考文献】

中央教育審議会，2011「今後の学校におけるキャリア教育・職業教育の在り方について（答申）」.

児美川孝一郎，2007，『権利としてのキャリア教育』明石書店.

小杉礼子，2003，『フリーターという生き方』勁草書房.

Maslow, A. H, 1954, *Motivation and personality*. New York : Harper & Row Publishers（＝1987，小口忠彦訳『人間性の心理学（改訂新版）―モチベーションとパーソナリティ』産業能率大学出版部）.

三村隆男，2020，「キャリア教育と現代社会―AI時代とキャリア教育」日本キャリア教育学会編『新版キャリア教育概説』東洋館出版社.

文部科学省，2011a，『小学校キャリア教育の手引き』教育出版.

文部科学省，2011b，『中学校キャリア教育の手引き』教育出版.

文部科学省，2012，『高等学校キャリア教育の手引き』教育出版.

望月由起，2008，『進路形成に対する「在り方生き方指導」の功罪―高校進路指導の社会学』東信堂.

日本キャリアデザイン学会，2014，『キャリアデザイン支援ハンドブック』ナカニシヤ出版.

下村英雄，2020，「キャリア教育と現代社会―格差社会とキャリア教育」日本キャリア教育学会編『新版キャリア教育概説』東洋館出版社.

山田兼尚，2007，「生涯にわたるキャリア教育」国立教育政策研究所編『キャリア教育への招待』東洋館出版社.

【注】

i 日本キャリアデザイン学会（2014）によれば、「職業観」は職業に対する価値的な理解であり、職業が果たす意義や役割の認識である。さまざまな職業の世界や職業倫理の理解や認識など、「勤労観」にはない独自の要素が含まれる。一方、「勤労観」は勤労に対する価値的な理解や認識であり、「職業観」に比べて役割遂行への意欲や勤勉さ、責任感といった情意面が重視される。キャリア観、就業観同様に、「職業や働くことを通してどのように生きていくのか」といった「生き方」の選択決定やその後の行動にも影響を及ぼしうる。

ii 小杉（2003）は、フリーターの類型として「モラトリアム型」「夢追求型」「やむを得ず型」などを挙げている。

iii もともとはイギリスで用いられた言葉で、進学も就職もせず、職業訓練も受けていない若者をNEET（Not in Education, Employment and Training）と称した。日本では「15～34歳の非労働力（仕事も失業者としての求職活動もしていない）のうち、主に通学でも、主に家事でもないもの」を対象としている。

第５章

キャリア教育を充実させるための方策

　キャリア教育の意義や機能をふまえ、その目標を達成するためには、どのような方法で実施すべきなのだろうか。
　本章では、「在り方答申」で提案されている「キャリア教育を充実させるための方策」に沿いながら具体的に示していく。

「在り方答申」では、キャリア教育は「それぞれの学校段階で行っている教科・科目等の教育活動全体を通じて取り組むものであり、単に特定の活動のみを実施すればよいということや、新たな活動を単に追加すればよいということではない」と示し、キャリア教育を充実させるための方策として以下の８つの提案を行っている。

①各学校におけるキャリア教育に関する方針の明確化
②各学校の教育課程への適切な位置付けと、計画性・体系性を持った展開
③多様で幅広い他者との人間関係形成等のための場や機会の設定
④経済・社会の仕組みや労働者としての権利・義務等についての理解の促進
⑤体験的な学習活動の効果的な活用
⑥キャリア教育における学習状況の振り返りと、教育活動の評価・改善の実施
⑦教職員の意識や指導力の向上
⑧効果的な実施のための体制整備

本章では、各提案に基づきながら、キャリア教育を充実させるための方策について具体的に示していく。

Ⅰ　キャリア教育におけるカリキュラム・マネジメント

「キャリア教育を充実させるための方策」のうち、「①各学校におけるキャリア教育に関する方針の明確化」「②各学校の教育課程への適切な位置付けと、計画性・体系性を持った展開」「⑥キャリア教育における学習状況の振り返りと、教育活動の評価・改善の実施」は、カリキュラム・マネジメントにかかわる事項である。

学校において学習や活動を行うにあたっては、その目標とそれを実現するための計画を立案し、計画に基づいた実践が行われており、キャリア教育も例外

ではない。教師一人一人が主体的に取り組むだけでなく、その取り組みが学校教育全体で一貫した指導である必要があり、カリキュラム・マネジメントの観点が重要となる。

国立教育政策研究所生徒指導研究センター（2011）では、**図5-1**のように、各学校での取り組みがより効果的なものになるように、PDCAでみるキャリア教育推進状況チェックシートを作成している。

近年は、このPDCAの出発点にR（状況把握）を加えたR-PDCAサイクルも着目されている。以下にて、それぞれのポイントについて説明を加えていく。

⑴　状況把握（Research）

キャリア教育を推進するにあたっては、各学校のおかれている状況に基づいて、「キャリア教育を通して、どのような生徒を育てたいのか」といったビジョンやイメージを描きながら計画を立案し、組織的に取り組むことが必要である。

国立教育政策研究所教育課程研究センター（2016）では、「教職員が感じている児童生徒の長所・短所を言語化する。アンケートを実施するなどの方法で児童生徒の現状を把握し、それを教職員全体で共通理解することが全体計画作成の出発点」とし、「計画（Plan）」の出発点として、児童生徒の現状の分析や把握の重要性を指摘している。

「計画」から始めると、実践前の情報がないために、「実践（Do）」した後の「評価（Check）」と「改善（Action）」を適切に行うことが難しくなる。そのためにも、計画立案に先立って、客観的な指標で状況把握を行っておくことが必要である。

⑵　計画（Plan）

キャリア教育に関わる学習や活動は、その内容や方法に応じて、各教科、特別活動、道徳及び総合的な学習（探究）の時間などに位置付けて実施されることになる。そのため、計画の立案や実施にあたっては、その個々の学習や活動

図5-1　PDCAでみるキャリア教育推進状況チェックシート（国立教育政策研究所生徒指導・進路指導研究センター 2011を一部修正）

段階	項目	□	□	□	□
Plan 計画 学校や児童生徒の現状を把握し、目標を立て、指導計画をつくる	**目標の設定** キャリア教育の目標（キャリア教育を通して身に付けさせたい力や、目指す児童生徒像）については……	定めていない	定めているが、目標達成の検証が可能な具体的な文言にはなっていない	目標達成の検証が可能な具体的な文言を用いて定めているが、ここ数年見直していない	目標達成の検証が可能な具体的な文言を用いて定めており、児童生徒の実状などに応じて、数年ごとに見直している
	指導計画の作成 キャリア教育の指導計画（全体計画や年間指導計画）の作成については……	作成していない	指導計画は存在するが、教育委員会から提示されたモデルや、先進校の指導計画を引き写して作成した箇所が多い	学校や地域の特色や児童生徒の実態を踏まえて指導計画を作成するよう努めたが、具体的な内容にそれらが十分に反映されていない	児童生徒・保護者などの意識調査を活用したり、教員が相互に意見を出し合ったりして、学校の現状に即した系統的な実践ができる指導計画を作成している
	指導計画の活用 キャリア教育の指導計画の活用については……	指導計画がないため、活用できていない	指導計画は存在するが、それに対する教員の認識や理解は十分ではない	ほとんどの教員が指導計画の内容を把握しているが、活用は進んでいない	指導計画の内容は教員の共通認識となっており、有効に活用されている
Do 実践 教育活動を展開し、フォローアップや修正を行う	**教育活動全体を通した実践** 教育活動全体を通したキャリア教育の取組については……	特に意識して取り組んでいない	それぞれの教員ができる範囲で取り組もうという意識はあるが、教員ごとの取組の差が大きい	それぞれの教員が教科等を通したキャリア教育に取り組んでいるが、それらを関連付ける機会や方策が未整備である	教科等を通したキャリア教育は多様に実践されており、それらを相互に関連付けた取組も計画的に行われている
	体験的なキャリア教育の実践 体験的なキャリア教育（社会人講話、職場見学、職場体験活動、インターンシップなど）については……	計画的な実践はしていない	計画的に実践されているが、事前指導・事後指導などが十分にはなされていない	事前指導・事後指導などを含めて計画的に実践されているが、卒業までに身に付けさせたい力を踏まえた体系的な指導には至っていない	卒業までを見通した全体的な取組の中で、事前指導・事後指導を含めた体験的なキャリア教育の役割が明確となっており、異校種とのつながりも意識している
	家庭や地域社会との連携 地域の教育力を生かしたキャリア教育の取組については……	特に意識して取り組んでいない	保護者や地域の事業所などと連携・協力して体験的なキャリア教育に取り組んでいるが、その意図やねらいの共通理解を十分に得ているわけではない	保護者や地域の事業所などと連携・協力して体験的なキャリア教育に取り組んでおり、体験の意図やねらいについての共通理解も得ている	保護者や地域の事業所などと連携・協力して体験的なキャリア教育に取り組み、学校のキャリア教育全般についての理解と協力も得ている
Check 評価 取組の目的に応じて児童生徒の変化をとらえる	**児童生徒の成長・変容の把握** キャリア教育を通した児童生徒の成長や変容については……	特に意識して把握していない	それぞれの教員が学校生活を通して把握するようにしているが、教員間でその状況は共有されていない	学校生活を通した把握の他に、意識調査やポートフォリオなどの資料はあるが、キャリア教育の視点からそれらを考察・分析はしていない	学校生活を通した把握と合わせて、身に付けさせたい力の視点から意識調査などを実施し、結果については経年変化などの分析も加えて、教員間で共有している
	実践の振り返りと検証 キャリア教育の取組に関する振り返りや評価については……	特に意識して振り返りをしていない	年度当初計画した取組が円滑に実施できたかどうか、という点についての振り返りは行っている	取組の円滑な実施という観点の他に、年度末などに全般的な取組の成果や課題について教員間で意見交換を行っている	取組の円滑な実施や全般的な成果・課題という観点の他に、特に重要な取組については、児童生徒の意識調査や自己評価などにより検証している
	学校評価との関連 学校評価（自己評価・学校関係者評価）におけるキャリア教育の位置付けについては……	学校評価にキャリア教育に関する評価項目は含まれていない	学校評価にキャリア教育に関する評価項目は含まれているが、その結果を十分に認知していない教員が多い	学校評価にキャリア教育に関する評価項目が含まれており、結果は職員会議等で示されているが、その考察・分析はしていない	学校評価にキャリア教育に関する評価項目が含まれており、結果については経年変化などの分析も加えて、教員間で共有している
Action 改善 導き出された新たな課題を踏まえて生かす	**指導計画の改善** キャリア教育の指導計画の見直しについては……	ここ数年見直していない（指導計画は作成していない）	毎年度、教員の負担や予算などの観点から、取組の見直しを行っている	毎年度、教員の負担や予算などの観点の他に、キャリア教育を通した児童生徒の成長や変容を踏まえ、取組や指導の在り方の見直しを行っている	毎年度、キャリア教育を通した児童生徒の成長や変容を踏まえて取組や指導の在り方の見直しを行い、必要に応じてキャリア教育の目標にも検討を加えている
	校内研修の充実 キャリア教育に関する校内研修については……	特に実施していない	キャリア教育の概念や基本的な実践方策などについての理解を深めるための研修を実施している	キャリア教育を通した児童生徒の成長や変容を踏まえ、具体的な取組の改善に向けた研修を実施している	キャリア教育を通した児童生徒の成長や変容を踏まえ、具体的な取組の改善と異校種との連携の強化に向けた研修を実施している
	校内組織の改善 キャリア教育にかかわる校内組織の改善については……	ここ数年見直していない	定期的に見直しているが、個々の教員の負担軽減などを主眼とした構成メンバーの交替が中心となっている	定期的に見直しているが、校務分掌の適正化などを主眼とした組織改編と構成メンバーの交替が中心となっている	キャリア教育を通した児童生徒の成長や変容を踏まえ、取り組むべき課題を特定し、それに即して校内組織や構成メンバーを定期的に見直している

が学習指導要領で定められている各教科、領域の学習や活動とどのようにかかわっているかなどを十分に検討し、教育課程に適切に位置付ける必要がある。

キャリア教育は、全教職員の共通理解のもと、学年や分掌を超えた全体運営組織・体制を整え、学校全体で展開していくことが望まれる。各学校における全体計画の策定にあたっては、各学校段階のキャリア発達の特徴に加え、各学校が立地する地域の状況や生徒の実態にも十分配慮した上で、特定の活動や指導方法に限定せず、様々な学校教育活動を通じて体系的に行われるようにすることが重要である。

表5-1は、高等学校での全体計画に盛り込むべき項目を例示したものである。

全体計画を具現化するためには、年間指導計画を策定することが重要である。各教科、総合的な学習（探究）の時間及び特別活動などの学習指導要領におけるキャリア教育に関連する事項を確認した上で、相互の関連性や系統性に留意し、有機的に関連付け、生徒のキャリア発達段階に応じて展開できるよう、各学校の全教職員の共通理解のもとで策定をすすめることが重要である。

⑶ 実践（Do）

「在り方答申」にて指摘されているように、キャリア教育は現在の学校教育を見直す理念を示すものであり、その活動は特定の新しい教育活動を指すもの

表5-1　全体計画に盛り込むべき項目（高等学校）（文部科学省 2012）

①必須の要件として記すべき事柄	②基本的な内容や方針等を概括的に示す事柄	③その他、各学校は全体計画を示す上で必要と考えられる事柄
・各学校において定めるキャリア教育の目標 ・教育内容と方法 ・育成すべき能力や態度 ・各教科等との関連	・学習活動 ・指導体制 ・学習の評価	・学校の教育目標 ・該当学年の重点目標 ・地域の実態と願い ・生徒の実態 ・教職員の願い ・保護者の願い ・通学区小中学校との連携 ・近隣高等学校との連携

ではなく、学校教育全体の活動を通じて体系的に行われる必要がある。

そのため、キャリア教育を効果的に展開するには、各学校で日常的に取り組んでいる各教科等でも取り組むことが不可欠である。各教科、総合的な学習（探究）の時間及び特別活動が「基礎的・汎用的能力」の育成にどのように貢献できるのかを検討し、取り組みの実践に移すためには、まず学習指導要領に示される各教科等とキャリア教育との関連性について理解し、各教科等の特質と単元や題材などの内容を生かした指導案の作成や教材の創意工夫が求められる。

⑷ 評価（Check）・改善（Action）

教育という営みに「評価」は馴染みにくいという見方があり、特にキャリア教育のように即時にその成果を可視化することが難しい場合には、その重要性を感じながらも敬遠されやすいだろう。

しかし各学校におけるキャリア教育をより効果的なものへと発展させていくには、全体計画や年間指導計画を明確に設定した上で、適切な評価を行い、改善につなげていくことが重要である。

キャリア教育の評価を行う際には、「どのような取り組みをどれだけ実践したか」といったアウトプット評価だけでなく、目的に照らし合わせて「どのような成果がみられたか」といったアウトカム評価も行うことにより、教育活動やその計画の質の改善につなげることができる。

図5-2は、キャリア教育の評価のポイント例をこの２つの観点で示したものである。

こうした評価を行うことには、学校評価における自己評価及び学校関係者評価の一環としても意義がある。その際には、「児童生徒に関する側面（児童生徒のキャリア発達、学校や学級、部活動などの集団としての発達など）」と「学校や教師に関する側面（キャリア教育や特別活動などの運営、キャリア教育の活動など）」があることも忘れてはならない。組織の視点、指導計画の視点、連携の視点など、多面的な視点からの検証が必要である。

図5-2　キャリア教育を評価する際の2つの観点
（国立教育政策研究所生徒指導・進路指導研究センター 2014）

やるべきことをやったかどうか	ちゃんと力がついたかどうか
アウトプット評価	**アウトカム評価**
▶5日間の職場体験活動を実施したかどうか	▶職場体験活動を通して生徒がどのように成長したか
▶社会人・職業人講話を実施したかどうか	▶社会人・職業人講話によって生徒の意識がどのように変容したか
▶キャリア教育を実践したかどうか	▶キャリア教育の実践を通してより広い視野から職業を捉えることができるようになったかどうか

表5-2　キャリア教育におけるカリキュラム・マネジメントのポイント
（藤田 2014）

ポイント1	「行動レベル」の視点で子どもたちの現状を把握し、目標を設定する
1-A	現状把握は形容詞や形容動詞等の「単語レベル」にとどめない
1-B	目標とスローガンを区別し、具体的な目標を設定する
ポイント2	教職員はもちろん保護者や地域の方々も納得できる現状把握と目標設定にする
ポイント3	現状把握と目標設定において「基礎的・汎用的能力」を活用する
ポイント4	評価指標を設定し、実践の成果（＝児童生徒の成長・変容）を評価する
ポイント5	包括的な評価を工夫する
ポイント6	教科等における評価との混同を避ける
ポイント7	評価結果を踏まえて計画や実践の改善をはかる

表5-2は、キャリア教育のカリキュラム・マネジメントを行う際のポイントである。これらのポイントからも分かるように、実践の成果を捉えるためには、目標と評価の具体的な設定が必要であり、実践の成果を通して実践の改善の方向性を検討することが望ましい。

各学校では、日常の教科・科目等の教育活動の中で育成してきた能力や態度について、キャリア教育の視点から改めてその位置付けを見直し、教育課程における明確化・体系化を図りながら、点検・改善していくことが求められている。生徒のキャリア形成支援となる様々な教育活動が実体を伴って学校教育に根付いていくためには、キャリア教育の視点から、各学校におけるカリキュラム・マネジメントを展開していくことが大切である。

2　家庭や地域・産業界等との連携

「キャリア教育を充実させるための方策」のうち、「③多様で幅広い他者との人間関係形成等のための場や機会の設定」「⑤体験的な学習活動の効果的な活用」は、地域社会等との連携に関する事項である。新学習指導要領で強調されている「社会に開かれた教育課程」という観点からも（詳細は、第6章を参照のこと)、学校内外の人的・物的資源を効果的に活用することが期待されている。

社会的に自立するためには、学校内での取り組みだけでなく、学校外との連携も重要である。生活時間の多くを占める家庭との連携はもちろんのこと、地域社会、企業、職能団体や労働組合等の関係機関、NPOといった様々な学校外の資源や人材との連携により、新たな社会に対する生徒の視野を広げ、関心を引き出すことが望ましい。

キャリア教育は、生徒の進路展望や目標に現実感や具体性をもたせ、キャリア発達を促すという点で、体験活動や広く社会の人々と関わることを重視しており、家庭や地域・産業界等との連携・協力が重要な意味をもつ。

変化の激しい社会において、将来の職業生活に備え、学校で学ぶことと社会との接続を意識し、社会的・職業的自立に向けた資質・能力を育成することは、生徒の自己実現を図るうえで不可欠である。将来直面する様々な課題に逞しくかつしなやかに対応し、社会的・職業的に自立するためには、生徒一人一人が、学ぶこと、働くこと、生きることについて考え、それらの結び付きを理解することによって、多様な他者や集団と協働しながら、自分の人生を創りあげていく力を育むことが求められる。

(1)　家庭・保護者との連携

学校教育を実践するにあたっては、しつけや価値観形成等の保護者が責任を負うべき内容の理解を深め、ともに推進していくことが求められる。

キャリア教育を円滑に進める際にも、家庭教育のあり方や、働くことに対す

図5－3　家庭との様々な連携（文部科学省 2012）

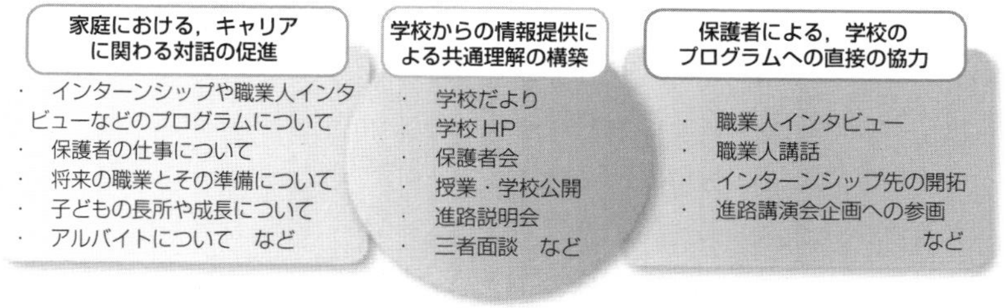

家庭における，キャリアに関わる対話の促進	学校からの情報提供による共通理解の構築	保護者による，学校のプログラムへの直接の協力
・インターンシップや職業人インタビューなどのプログラムについて ・保護者の仕事について ・将来の職業とその準備について ・子どもの長所や成長について ・アルバイトについて　など	・学校だより ・学校 HP ・保護者会 ・授業・学校公開 ・進路説明会 ・三者面談　など	・職業人インタビュー ・職業人講話 ・インターンシップ先の開拓 ・進路講演会企画への参画 など

る保護者の考え方や態度は生徒のキャリア発達に大きな影響を及ぼすため、保護者との共通理解を図りながら進めることが重要である。

家庭との連携に向けた協力を得るためには、様々な方法で、学校のキャリア教育の方針や具体的なプログラムの内容、進路に関する情報等を保護者に伝え、理解を得るように努めることが大切である（**図5－3**参照）。

⑵　地域・産業界等との連携

学校を取り巻く地域には、様々な資源が存在する（**図5－4**参照）。学校は地域の諸機関と積極的に連携を図り、その存在や機能を生徒に知らせていく必要がある。また地域の事業所や産業界が、学校のキャリア教育に果たす影響は極めて重要である。実際に働いている様子から学ばせることや、職場における大人とのコミュニケーション能力を育むことは、学校だけでは難しい教育内容であり、事業所や産業界の協力が不可欠である。

こうした連携を築いていくためには、教育委員会や自治体レベルで支援・推進するだけでなく、学校単位で連携を推進していくことが必要である。

東京都では望ましい社会性や勤労観、職業観を中学生に身に付けさせるため、平成17年度から令和２年度まで「わく（Work）わく（Work）Week Tokyo（中学生の職場体験）」を展開してきた。これは、都内全ての公立中学校の生徒が、５日間程度[i]、学校を離れて、地域商店、地元産業、民間企業、公的施設などの職場で、実際に仕事の体験をするものである。年度別体験日数

図5-4　地域の教育資源との様々な連携（文部科学省 2012）

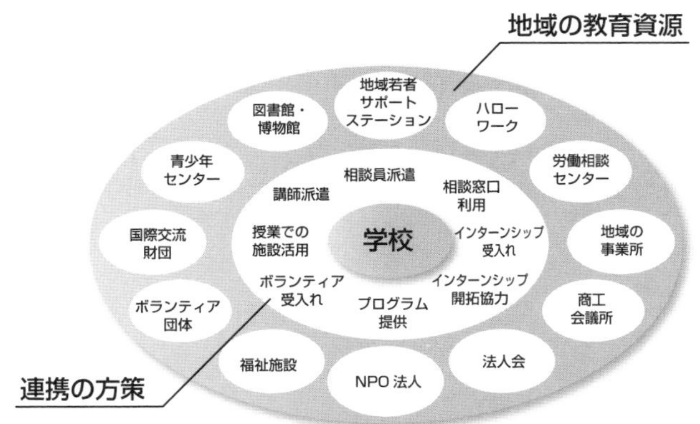

図5-5　「わく（Work）わく（Work）Week Tokyo」年度別体験日数
（東京都教育委員会 2019）

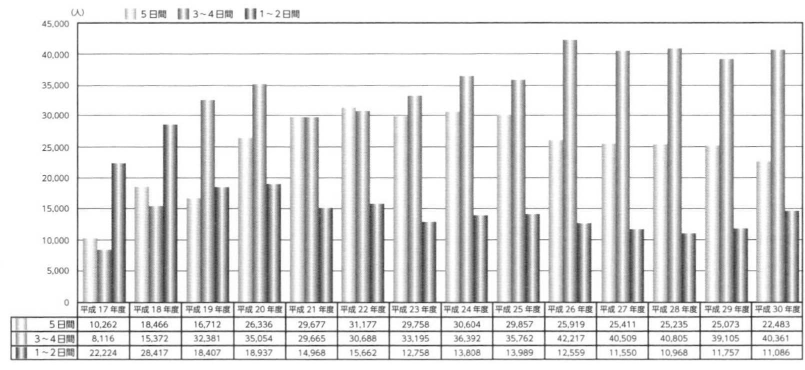

	平成17年度	平成18年度	平成19年度	平成20年度	平成21年度	平成22年度	平成23年度	平成24年度	平成25年度	平成26年度	平成27年度	平成28年度	平成29年度	平成30年度
5日間	10,262	18,466	16,712	26,336	29,677	31,177	29,758	30,604	29,857	25,919	25,411	25,235	25,073	22,483
3～4日間	8,116	15,372	32,381	35,054	29,665	30,688	33,195	36,392	35,762	42,217	40,509	40,805	39,105	40,361
1～2日間	22,224	28,417	18,407	18,937	14,968	15,662	12,758	13,808	13,989	12,559	11,550	10,968	11,757	11,086

を示したものが、**図5-5**である。すべての中学生が5日間体験できているわけではないが、多くの生徒が3日間以上体験していることがわかる。

近年、「チームとしての学校[ii]」を作り上げていくことが重要視されている。その舵取りを担う校長や管理職のキャリア教育に対する正しい理解と、積極的な取り組み姿勢により、地域・産業界との連携を一層推進していくことが求められている。

3　将来起こりうる人生上の諸リスクへの対応

「キャリア教育を充実させるための方策」のうち、「④経済・社会の仕組みや労働者としての権利・義務等についての理解の促進」は、将来起こりうる人生上の諸リスクに関する事項である。

国立教育政策研究所生徒指導・進路指導研究センター（2020）によれば、高等学校においてですら「就職後の離職・転職など、将来起こり得る人生上の諸リスクへの対応に関する学習」や「情報化の進展（AI・IoT等）による産業構造・労働環境の変化に関する学習」などを企画・実施している学校の割合は相対的に低く、改善の必要性を求めている。

今後いかなる社会背景や雇用環境においても、社会的・職業的に自立するためには、起こりうるリスクを含めた社会的認識を持ち、対処方策を適切に検討することが重要である。そのためには、労働に関する法律や制度の学習を充実させるとともに、地域の事業所との交流や、就労支援機関や労働相談機関などについての理解を深めるなど、学校外の様々な人材や機関と連携する取り組みも期待されている。

以下では、若者の就労支援に携わる主な機関として、「ハローワーク（公共職業安定所）」「ジョブカフェ（若年者のためのワンストップサービスセンター）」「サポステ（地域若者サポートステーション）」について、厚生労働省のホームページを参考にしながら簡単に紹介していく。

①ハローワーク（公共職業安定所）

厚生労働省からの指示を受け、都道府県労働局では、地域の産業・雇用失業情勢に応じた雇用対策を展開している。ハローワークはその窓口となり、民間の職業紹介事業等では就職へ結びつけることが難しい就職困難者を中心に支援する最後のセーフティネットとしての役割を担っている。また、地域の総合的雇用サービス機関として、職業紹介、雇用保険、雇用対策などの業務を一体的に実施している。

「新卒応援ハローワーク」「わかものハローワーク」「マザーズハローワーク」

など専門的な相談ができるハローワークや、就職氷河期世代専門窓口も設けている。

②ジョブカフェ（若年者のためのワンストップサービスセンター）

ジョブカフェは若者の就職支援をワンストップで行う施設であり、都道府県が主体的に設置している。各地域の特色を活かした就職セミナーや職場体験、カウンセリングや職業相談、職業紹介などさまざまなサービスを行っており、若者は自分に合った仕事を見つけるために、無料でこれらのサービスを1か所で受けることができる。

都道府県の要望に応じてジョブカフェにハローワークを併設し、職業紹介等を行うなど、厚生労働省と都道府県とが連携しながら支援に取り組んでいる。

③サポステ（地域若者サポートステーション）

サポステでは、働くことに悩みを抱えている15歳～49歳までの人に対し、キャリアコンサルタントなどによる専門的な相談、コミュニケーション訓練などによるステップアップ、協力企業への就労体験などの就労に向けた支援を行っている。

厚生労働省が委託した全国の若者支援の実績やノウハウがあるNPO法人、株式会社などにより、「身近に相談できる機関」として全ての都道府県に設置している。

これらの機関をはじめとして、身の回りにもある若者の就労支援に携わる機関について、生徒の理解を深めることが必要である。そのためには、まず、教師がその理解を深めることが不可欠である。知識を得るだけでなく、交流や連携を実際にすることにより、リアルなキャリア教育につなげていくことが望ましい。

4　キャリア教育の組織体制

「キャリア教育を充実させるための方策」のうち、「⑦教職員の意識や指導力の向上」「⑧効果的な実施のための体制整備」は、キャリア教育の担い手やその組織に関する事項である。

学校においてキャリア教育を円滑に展開していくためには、誰が、あるいはどの分掌組織が中心となって推進するかなど、運営組織体制を確立することが重要であり、学校の全教育活動を通したキャリア教育を支えるためには、全体運営体制が必要である。

図5-6は、高等学校におけるキャリア教育の運営体制の組織図例である。

校長を頂点とし、教育活動全体を俯瞰的に捉えて、立案や運営ができる体制を作ることがポイントである。現在、多くの中学校や高等学校では、進路指導

図5-6　キャリア教育の組織図例（文部科学省 2012）

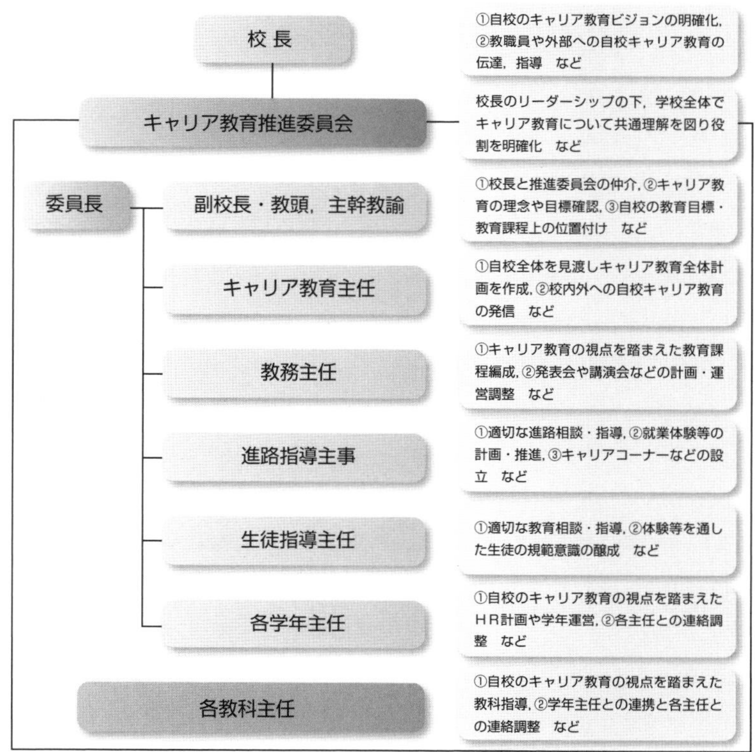

※外部との連携を図るためにコーディネーターを配置することも考えられる。

部がキャリア教育の舵取りをしているが（詳細は、第３章を参照のこと）、今後は、校長をキーパーソンとして、キャリア教育推進委員会等の校内組織をしっかりと整えていくことが求められる。

コラム 「自己実現のアノミー」問題とキャリア教育

大村（1972）は、「乱世型」社会から構造化された「組織型」社会への変容にともない、アスピレーションは「観念的アスピレーション」から「現実的アスピレーション」へと変容したと述べているが[iii]、近年の若者のアスピレーションは、彼の言葉を借りるのであれば、「現実的アスピレーション」から「観念的アスピレーション」への揺り戻しであるとも言えるだろう。

21世紀に入り、高校生の価値観は多様化し、高等学校のタイプによる相違はあるにせよ、「脱階層志向（片瀬・友枝 1990）」や「脱地位達成志向（室井 2004）」が、広く共有されつつあると言われている。例えば片瀬（2005）によれば、高校生は一様に「自己実現型アスピレーション」を有し、地位達成の追求という本来の意味でのアスピレーションは低下したかもしれないが、自己実現の探求という意味でのアスピレーションは高揚しているという。すなわち、「地位達成を志向する階層志向性が弱まる一方で、職業や趣味を通じて「自分」を探し、自己実現を求める志向」が強まっているのである。その背景として、土井（2003）は、地位達成の制度的ルートとして重視されていた「教育達成（学歴）」に代わり、「個性」が学校で追い求められるべき新たなアスピレーションになったことが大きいと述べている。

しかしアスピレーションの実現は、個人の自由意思に基づく進路選択行動によってのみ規定されるものではない。片瀬は、高校生のアスピレーションが高揚する一方で、それを実現する手段を欠いたままアノミー状態にあると述べ、「アノミー型アスピレーション（特殊な専門職志向）」の出現を指摘している。上西（2002）は、「夢追い型フリーター」が実現可能性の認識やそれを実現するための現実的な判断が十分ではなく、また、夢が実現しなかった場合の進路転換の準備ができていないと指摘している。

苅谷（2003）は、こうした状態を、新たな「大衆教育社会」あるいは階層のポストモダン状況における「自己実現のアノミー」の問題としているが、キャリア教育はこの問題にも真摯に向き合うべきであろう。

❶キャリア教育の全体計画や年間指導計画を立案するにあたって、どのような状況を把握しておくことが必要だと思いますか。なぜ、そのように思うのですか。児童生徒の現状以外の点も考えてみましょう。

❷キャリア教育の評価を行う際に、どのような方法が望ましいと思いますか。なぜ、そのように思うのですか。

❸望ましいと思う「家庭や地域・産業界等との連携」の事例を１つ取り上げ、その理由も挙げてみましょう。

【引用・参考文献】

土井隆義，2003，『〈非行少年〉の消滅：個性神話と少年犯罪』信山社出版.

藤田晃之，2014，『キャリア教育基礎論―正しい理解と実践のために』実業之日本社.

苅谷剛彦，2003，『なぜ教育論争は不毛なのか　学力論争を超えて』中央公論新社.

片瀬一男・友枝敏雄，1990，「価値意識：階層をめぐる価値志向の現在」原純輔編『現代日本の階層構造』東京大学出版会.

片瀬一男，2005，『夢の行方　高校生の教育・職業アスピレーションの変容』東北大学出版会.

国立教育政策研究所生徒指導研究センター，2011，「小・中・高等学校における基礎的・汎用的能力の育成のために「学校の特色を生かして実践するキャリア教育」」

国立教育政策研究所生徒指導・進路指導研究センター，2014，「キャリア教育が促す「学習意欲」」

国立教育政策研究所教育課程研究センター，2016，『学級・学校文化を創る特別活動　中学校編』東京書籍.

国立教育政策研究所生徒指導・進路指導研究センター，2020，「キャリア教育に関する総合的研究第一次報告書」

室井研二，2004，「『脱』地位達成志向の二つの位相：高校生・高校教師の規範意識調査より」『西日本社会学会年報』NO.２.

文部科学省，2012，「高等学校キャリア教育の手引き」，教育出版.

大村英昭，1972，「アスピレーションとアノミー―社会的移動と逸脱行動との関連において―」『社会学評論』23，NO 1．
長田徹，2016，「中学校におけるキャリア教育」小泉令三・古川雅文・西山久子編『キーワード キャリア教育―生涯にわたる生き方教育の理解と実践』北大路書房．
東京都教育委員会，2019，「平成30年度わく（Work）わく（Work）Week Tokyo　中学生の職場体験報告書」．
上西充子，2002，「フリーターという働き方」小杉礼子編『自由の代償／フリーター』日本労働研究機構．

【注】

i 公立中学校での職場体験の実施率は高い水準を維持しながらも、文部科学省が推奨する「５日間以上」実施している学校は減少傾向にある。長田（2016）は、その要因として「授業時数確保」の影響を挙げる一方で、「緊張の１日目」「覚える２日目」「慣れる３日目」「考える４日目」「感動の５日目」という実態や評価は変わっておらず、引き続き教育課程編成の工夫によって５日間の職業体験活動の時間の確保を求めている。

ii 校長のリーダーシップの下、カリキュラム、日々の教育活動、学校の資源が一体的にマネジメントされ、教職員や学校内の多様な人材が、それぞれの専門性を生かして能力を発揮し、子供たちに必要な資質・能力を確実に身に付けさせることができる学校。

iii 大村は、手段の側にある諸条件を考慮して、文化的目標を調整した結果として生じるアスピレーションを「現実的アスピレーション」、逆に、手段に関する諸条件を考慮に入れていないアスピレーションを「観念的アスピレーション」と区分している。

第６章

キャリア教育の今後の方向性

社会環境の激しい変化に流されることなく、様々な課題に柔軟かつたくましく対応し、生涯にわたって主体的に自らのキャリアを形成するために必要な資質・能力を育むために、キャリア教育はますます強く求められている。

本章では、キャリア教育の今後の方向性について、新学習指導要領や実践事例をとおして示していく。

1　新学習指導要領（平成29年・30年改訂）が示す「キャリア教育」

平成28（2016）年の中央教育審議会「幼稚園、小学校、中学校、高等学校及び特別支援学校の学習指導要領の改善について」（答申）では、学ぶことと自分の人生や社会とのつながりを実感しながら、自らの能力を引き出し、学習したことを生活や社会のなかの問題解決に生かしていく面に課題があることが指摘され、**図6-1**のように学習指導要領改訂の方向性を図示している。

この方向性に基づき、新学習指導要領では、「社会に開かれた教育課程」の実現[i]を宣言している。その総則では、育成すべき資質・能力の３つの柱として「知識及び技能」「思考力、判断力、表現力等」「学びに向かう力、人間性等」を明示するとともに、「カリキュラム・マネジメント」を重視し、学校や地域の特性に応じて、教育内容等を教科横断的な視点で構成すること、教育課程の実施状況を評価してその改善をはかること、教育課程の実施に必要な人的・物

図6-1　新学習指導要領改訂の方向性（中央教育審議会 2016）

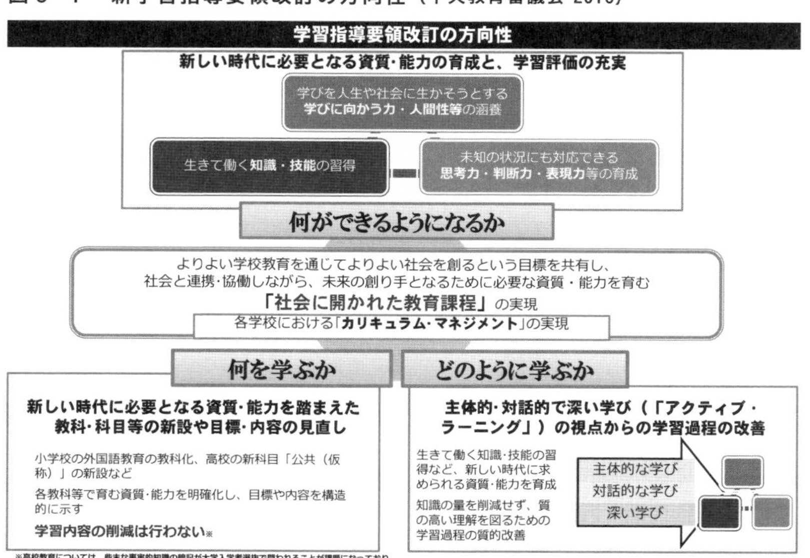

的体制を確保することを強調している。そのうえで、これらの資質・能力の育成に向けた授業改善として、「主体的・対話的で深い学び」、いわゆるアクティブ・ラーニングを推し進めている。

着目すべき点は、新学習指導要領では児童生徒が「学ぶことと自己の将来とのつながりを見通しながら、社会的・職業的自立に向けて必要な基盤となる資質・能力を身に付けていくことができるよう、特別活動を要としつつ各教科等の特質に応じて、キャリア教育の充実を図ること」と総則に明記されたことである。高等学校では平成20（2008）年の学習指導要領で「キャリア教育」の用語がすでに使用されていたが、小学校・中学校では初めての登場である。

総則に明示された内容は、特定の教科等ではなく、教育課程全体にかかるという重要な意味をもつ。以下にて、学習指導要領の総則からみる各校種のキャリア教育について、主なポイントを示していく。

①小学校

平成29（2017）年の「小学校学習指導要領」では、以下のように示している。

> 児童が、学ぶことと自己の将来とのつながりを見通しながら、社会的・職業的自立に向けて必要な基盤となる資質・能力を身に付けていくことができるよう、特別活動を要としつつ各教科等の特質に応じて、キャリア教育の充実を図ること

小学校から中学校への進学は義務付けられているため、これまで小学校では卒業後の進路選択を迫られる児童は少なく、進路指導という概念自体が希薄であり、分掌組織も存在していなかった。

しかし「接続答申」以降、小学校にもキャリア教育は導入されることになり、平成29年の学習指導要領の改訂では、その推進がより強調されている。今後は、小学校においても、馴染みの深い特別活動を要としながら、各教科、総合的な学習の時間、道徳科などの機会を生かして、学校の教育活動全体を通じて必要な資質・能力の育成を図っていくことになる。

②中学校

平成29（2017）年の「中学校学習指導要領」では、以下のように示している。

> 生徒が、学ぶことと自己の将来とのつながりを見通しながら、社会的・職業的自立に向けて必要な基盤となる資質・能力を身に付けていくことができるよう、特別活動を要としつつ各教科等の特質に応じて、キャリア教育の充実を図ること。その中で、生徒が自らの生き方を考え主体的に進路を選択することができるよう、学校の教育活動全体を通じ、組織的かつ計画的な進路指導を行うこと

小学校と同様に、特別活動を要としながら、学校の教育活動全体を通じて必要な資質・能力の育成を図ることを求めている。それに加えて、生徒の主体的な進路選択に向けての組織的かつ計画的な進路指導も求めている。

そのためには、生徒が自己のキャリア形成の方向性や見通しをもったり、省察するような機会を設けるなど、主体的・対話的で深い学びの実現に向けた取り組みを教育活動全体を通じて展開していくことが重要である。

③高等学校

平成30（2018）年の「高等学校学習指導要領」では、以下のように示している。

> 生徒が、学ぶことと自己の将来とのつながりを見通しながら、社会的・職業的自立に向けて必要な基盤となる資質・能力を身に付けていくことができるよう、特別活動を要としつつ各教科等の特質に応じて、キャリア教育の充実を図ること。その中で、生徒が自己の在り方生き方を考え主体的に進路を選択することができるよう、学校の教育活動全体を通じ、組織的かつ計画的な進路指導を行うこと

小学校や中学校と同様に、特別活動を要としながら、学校の教育活動全体を通じて必要な資質・能力の育成を図ることを求めている。それに加えて、中学校と同様に、生徒の主体的な進路選択に向けての組織的かつ計画的な進路指導

図 6 - 2　高等学校卒業者の主な進路状況（文部科学省 2019a）

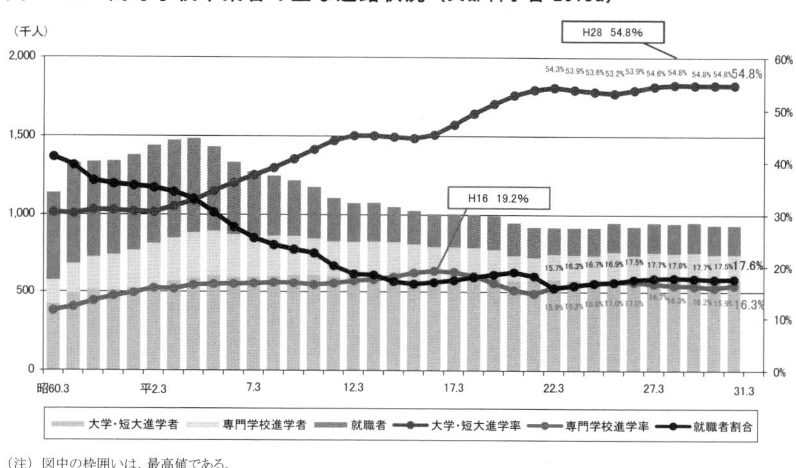

（注）図中の枠囲いは，最高値である。

も求めている。

小学校や中学校とは異なり、高等学校では卒業後の進路が多様であるため（**図 6 - 2** 参照）、生徒が自己のキャリア形成の見通しをもちつつ、卒業後に希望する進路の選択やその実現に向けた取り組みを教育活動全体を通じて展開することが期待されている。

いずれの学校種においても、その指導に当たっては、新学習指導要領の総則において、特別活動が学校におけるキャリア教育の要としつつ学校の教育活動全体で行うことと明示された趣旨や、その内容が、キャリア教育の視点からの小・中・高等学校のつながりが明確になるよう整理されたということを踏まえる必要がある。

2　キャリア教育の要となる特別活動

キャリア教育の視点に立った特別活動はかねてより展開されており、学校行事における勤労生産・奉仕的行事として「職場での体験活動」に力を入れ、将来の社会的・職業的自立に必要な態度や能力を育むことが推し進められてきた。

先にも示したように、新学習指導要領では特別活動を要としつつ、キャリア教育に関わる様々な活動に関して、学校、家庭及び地域における学習や生活の見通しを立て、学んだことを振り返りながら、新たな学習や生活への意欲につなげたり、将来の生き方を考えたりする活動を行うことを求めている。

「新学習指導要領解説（特別活動編）」において「キャリア教育は学校教育全体で行うという前提のもと、これからの学びや生き方を見通し、これまでの活動を振り返るなど、教育活動全体の取組をキャリア形成につなげていくための要として、特別活動を位置付けることとなった。こうした視点からも、特別活動を通して、各教科等で学んだことを実生活で活用できるものとしていくことが求められている。」と示されているように、特別活動のもつ実践性への期待がうかがえる。

特別活動の中でも、生徒にとって最も身近な社会であり、学校生活の基礎的な集団である「学級」を単位とした学級活動[ii]には、特に大きな期待が寄せられている。

特別活動が小・中・高等学校を一貫した体系的・系統的なキャリア教育の要としての役割を担うことに伴い、新学習指導要領では、小学校の学級活動の内容に「(3) 一人一人のキャリア形成と自己実現」が新たに設けられ、中学校の学級活動、高等学校のホームルーム活動の内容「(3) 学業と進路」は、「(3) 一人一人のキャリア形成と自己実現」へと改訂されている。

その内容については、小学校から中学校、高等学校へのつながりを考慮しながら、各学校段階として適切なものを設定し（**表6-1**参照)、「個々の生徒の将来に向けた自己の実現に関わる内容であり、一人一人の主体的な意思決定に基づく実践活動につなげる活動である。」としている。

また新学習指導要領では、指導に際して留意すべき事項として「内容の取扱い」が新設されているが、「(3) 一人一人のキャリア形成と自己実現」の指導に当たっては、以下のように示されている。

表6-1　学級・ホームルーム活動「(3) 一人一人のキャリア形成と自己実現」の活動内容

小学校	中学校	高等学校
ア 現在や将来に希望や目標をもって生きる意欲や態度の形成 イ 社会参画意識の醸成や働くことの意義の理解 ウ 主体的な学習態度の形成と学校図書館等の活用	ア 社会生活、職業生活との接続を踏まえた主体的な学習態度の形成と学校図書館等の活用 イ 社会参画意識の醸成や勤労観・職業観の形成 ウ 主体的な進路の選択と将来設計	ア 学校生活と社会的・職業的自立の意義の理解 イ 主体的な学習態度の確立と学校図書館の活用 ウ 社会参画意識の醸成や勤労観・職業観の形成 エ 主体的な進路の選択決定と将来設計

> 学校、家庭及び地域における学習や生活の見通しを立て、学んだことを振り返りながら、新たな学習や生活への意欲につなげたり、将来の生き方を考えたりする活動を行うこと。その際、生徒が活動を記録し蓄積する教材等を活用すること

これらのことから分かるように、学級活動では、生徒の発達段階の特性、各教科等における学習状況、学校間の円滑な接続などを踏まえながら、適切な内容を取り上げて計画的に指導する必要がある。

また新学習指導要領解説（特別活動編）では、学級活動において育成を目指す資質・能力が、「問題の発見・確認」「解決方法等の話合い」「解決方法の決定」「決めたことの実践」「振り返り」といった学習過程の中で育まれることを強調している。学級活動の指導計画をたてる際には、こうした学習過程も念頭におきながら、生徒が自発的、自治的な学級や学校の生活づくりを実感できるような指導となるように心掛けることが求められる。

3　教育活動全体を通じて行われてきた実践

新学習指導要領においては、各教科等の特質に応じて、キャリア教育の充実を図ることを提言しているが、各教科とキャリア教育を直接的に関連付けた新たな取り組みを促しているわけではない。

以下にて、これまでにも学校における教育活動全体を通じて行われてきた取り組みをとおして、今後の方向性について考えていく。

(1) 日々の教育活動をキャリア教育の視点で「つなぐ」

日常の教科等の学習指導においても、学ぶことと自己のキャリア形成の方向性とを関連付けながら、見通しをもって社会的・職業的自立に向けて基礎となる資質・能力を育成するなど、近年、学校における教育活動全体を通じたキャリア教育が推進されている。

「在り方答申」では、「各教科・科目等における取組は、単独の活動だけでは効果的な教育活動にはならず、取組の一つ一つについて、その内容を振り返り、相互の関係を把握したり、それを適切に結び付けたりしながら、より深い理解へと導くような取組も併せて必要である。」と示し、日々の教育活動における個々の学びや体験をキャリア教育の視点で「つなぐ」ことにより、より一層の効果を期待している。国立教育政策研究所生徒指導研究センター（2009）は、

図6-3 それぞれの教育活動を通じたキャリア教育
（国立教育政策研究所生徒指導研究センター 2009）

「それぞれの教育活動を『つなぐ』ことによって、キャリア教育の『種』を『芽』に育て、効果的にキャリア教育を進めることができ、それぞれの教育活動の質も高めることができます。」とし、それぞれの教育活動を通じてキャリア教育の視点で働きかけることを提言している（**図6-3**参照）。

また文部科学省（2011）は、教科担任制となる中学校では、各教科を「キャリア教育」で結ぶことで、複数の教師が互いの授業内容を知ることになり、それが新たな刺激となって、さらに指導に深みが出ることを期待して、**図6-4**のような学習活動例を示している。

図6-4　各教科を「キャリア教育」で結ぶ学習活動例（文部科学省 2011）

人間関係形成・社会形成能力を高めるために　例：国語・英語・美術をつなげる

国語	英語	美術
○ **話すこと・聞くこと** ・スピーチ，文章の発表 ・グループでのディスカッション	○ **言語活動～話すこと～** ・それぞれの場面に応じた会話の仕方 ・英語のスピーチ	○ **表 現** ・自画像，デザイン ○ **鑑 賞** ・互いの作品の合評会

自己理解・自己管理能力を高めるために　例：保健体育・音楽・国語をつなげる

保健体育	音楽	国語
○ **球 技～作戦を生かした攻防～** ・ゲームでの役割分担 ・チーム課題の解決 ・作戦の実行	○ **表 現～歌唱・器楽～** ・合唱（声部の役割） ・楽器演奏（リコーダーアンサンブルなど）	○ **読むこと** ・一つの作品の群読 （文章を複数の人数や男女に分けて読む）

課題対応能力を高めるために　例：技術・家庭・数学・社会をつなげる

技術・家庭	数学	社会
○ **話すこと・聞くこと** ○ 材料と加工の技術 ・製作品の設計，製作 ・製作図の作成 ・部品加工，組立て	○ **言語活動** ○ 図 形 ・平面図形，空間図形 ・合同，相似 ○ 関数・比例と反比例	○ **身近な地域の調査** ・地図，グラフの見方 ・主題図の作成 ・グラフの作成

キャリアプランニング能力を高めるために　例：技術・家庭・社会・理科をつなげる

技術・家庭	社会	理科
○ **消費生活と環境** ・消費者問題 ・環境問題 ○ **生活と自立**	○ **私たちと経済** ・消費者主権 ○ **国際社会の諸課題** ・公害・地球環境問題	○ **自然と人間** ・食物連鎖・環境保全 ○ **科学技術と人間** ・エネルギー

今後も、日々の教育活動の教育内容、指導方法、生活や学習の習慣・ルールなどに潜む「宝[iii]」をキャリア教育の視点で洗い出し、一人一人の担任が、各教科を担当する教師が、ひいては学校全体のメンバーが磨き上げていくことによって、生徒の社会的・職業的自立に必要な能力を育成するとともに、その教育活動自体の輝きも増していくことが期待されている。

⑵ 教育活動にキャリアの要素を「注ぎ込む」

下村（2009）は、キャリア教育の代表的手法として「インフュージョン（何かに何かを『注ぎ込む』という意味）」を挙げ、教科学習等の学校の教育活動にキャリアの要素を注入するキャリア教育を提案している。

表６-２は、中学校における各教科でのキャリア教育の視点で実施される活動例である。各教科にキャリアの要素を注入することは、各教科の学び、ひい

表６-２　中学校における各教科でのキャリア教育の視点で実施される活動例
（国立教育政策研究所生徒指導研究センター 2009）

教科	活動例
国語	・日常生活の中の話題について対話や討論をする。 ・社会生活に必要な手紙を書く。 ・時間や場の条件に合わせてのスピーチを行う。
数学	・数学を学習することの意義や、数学の必要性などを実感する機会を設定する。
社会	・現代社会の持つ特色や現代社会を捉える見方や考え方の基礎を理解させる。
理科	・理科で学習することが様々な職業と関係していることにふれる。 ・科学技術が日常生活や社会との関連、安全性の向上に役立っていることにふれる。
外国語	・身近な言語の使用場面や言語の働きに配慮した言語活動を行う。
美術	・美術館・博物館等の施設や文化財などを積極的に活用する。 ・使いやすい形、使う人の気持ちを大切にした色、優しさのデザインを考える。
音楽	・音楽と生活や社会とのかかわりが実感できるような指導を工夫する。 ・音楽が人々の暮らしとともに育まれてきた文化であることに気づかせる。
技術・家庭	・工夫・創造の喜びを体験する中で、勤労観や職業観、協調する態度を身に付ける（技術分野）。 ・幼児と触れ合う活動などを通して、自分の成長を振り返り、自分と家族や家庭生活とのかかわりについて考える（家庭分野）。

ては学校教育での学びの意義を考える契機にもなる。今後は、生徒が自身の将来の生き方や職業などのキャリアをイメージするだけでなく、「では、いま、何をすべきなのか」に立ち戻ることにより、学習に対する意欲を喚起することも期待されている。

⑶ 特定の教科が教育活動の「要」となる

東京都では公立高校の教科「奉仕」を発展的に統合し、平成28年度より人間としての在り方生き方に関する新教科「人間と社会」を必履修教科として設置している。

表6-3は、そこで使用する教科書で扱うテーマと関連する教科・科目等の内容を示したものである。

表6-3 「人間と社会」の教科書で扱うテーマと関連する教科・科目等の内容
(東京都教育委員会 2016)

テーマ		学習指導要領上の位置付け		「人間と社会」と関連する内容
		教科・科目等名	内容項目	
1	人間関係を築く	国語・「国語総合」	話すこと・聞くこと	国語を適切に表現し的確に理解する能力を育成、伝え合う力の向上
		外国語・「コミュニケーション英語Ⅰ」	意見交換	積極的にコミュニケーションを図る態度の育成と情報や考えなどを適切に伝える基礎的な能力の育成
2	学ぶことの意義	公民・「現代社会」	私たちの生きる社会	現代社会に対する関心の向上、いかに生きるかを主体的に考察することの大切さの自覚
		特別活動・「ホームルーム活動」	学業と進路	学ぶことと働くことの意義の理解、社会的自立や職業的自立の涵養
3	働くことの意義	公民・「現代社会」	私たちの生きる社会	現代社会に対する関心の向上、いかに生きるかを主体的に考察することの大切さの自覚
		特別活動・「ホームルーム活動」	学業と進路	学ぶことと働くことの意義の理解、社会的自立や職業的自立の涵養
4	役割と責任を考える	公民・「現代社会」	私たちの生きる社会	現代社会に対する関心の向上、いかに生きるかを主体的に考察することの大切さを自覚
		保健体育・「体育」	体づくり運動他	役割を積極的に引き受け自己の責任を果たし、合意形成に貢献しようとする態度の育成
5	マナーと社会のルールについて考える	公民・「倫理」	現代に生きる自己の課題	豊かな自己形成に向け、他者とともに生きる自己の生き方についての考察
		保健体育・「体育」	球技他	フェアなプレイを大切にし、役割を積極的に引き受け自己の責任を果たそうとする態度の育成
6	ネット時代	公民・「倫理」	現代の課題と倫理	情報社会の特質とその進展がもたらす影響についての考察、情報を選択・発信できる能力とモラルの育成
		情報・「社会と情報」	情報社会の課題と情報モラル	望ましい情報社会の在り方と情報技術を適切に活用することの必要性の理解

テーマ		学習指導要領上の位置付け		「人間と社会」と関連する内容
		教科・科目等名	内容項目	
7	選択し、行動する	家庭・「家庭基礎」	生涯の生活設計	生涯を見通した自己の生活についての考察、主体的な生活設計の能力の育成
		特別活動・「ホームルーム活動」	主体的な進路の選択決定と将来設計	人の生き方の多様性の理解、自らの意志と責任で、進路を選択決定できる能力の育成
8	チームで活動することの意義	公民・「現代社会」	私たちの生きる社会	現代社会に対する関心の向上、いかに生きるかを主体的に考察することの大切さの自覚
		保健体育・「体育」	球技他	フェアなプレイを大切にし、役割を積極的に引き受け自己の責任を果たそうとする態度の育成
9	人生とワーク・ライフ・バランス	公民・「政治・経済」	現代社会の諸課題	雇用の安定化と労働条件改善点や仕事と生活の調和の視点から今後の日本の雇用についての探究
		家庭・「家庭基礎」	生涯の生活設計	生涯を見通した自己の生活についての考察、主体的な生活設計の能力の育成
10	お金の意義について考える	公民・「政治・経済」	現代の経済の仕組みと特質	国民経済における家計、企業、政府の役割など、現代経済の特質の把握、租税の意義と役割の理解
		家庭・「家庭基礎」	生活の自立及び消費と環境	自立した生活を営むために必要な経済の計画に関する基礎的・基本的な知識と技術の習得
11	支え合う社会	公民・「現代社会」	現代の経済社会と経済活動の在り方	人間として生活が保障される社会保障制度の仕組みの意義や役割の理解、現状と課題の考察
		家庭・「家庭基礎」	共生社会と福祉	福祉や社会的支援など、家庭や地域及び社会の一員としての自覚をもって共に支え合って生活することの重要性についての認識
12	地域社会を築く	公民・「倫理」	現代の諸課題と倫理・地域社会	地域社会における人間関係の在り方、地域社会における自らの生き方などについての考察
		地理歴史・「地理Ａ」	生活圏の地理的な諸課題と地域調査	生活圏の地理的な諸課題の地域調査などによる把握、解決に向けた取組などについての探究
13	自然と人間の関わり	公民・「現代社会」	共に生きる社会を目指して	持続可能な社会の形成に参加するという観点から、現代に生きる人間としての在り方生き方について考察
		理科・「生物」	生態と環境	生態系のバランスや生物多様性の重要性についての認識
14	科学技術の先に…生命倫理を考える	公民・「倫理」	現代の諸課題と倫理・生命	生命の誕生、老いや病、生と死の問題等を通して、生きることの意義について考察
		理科・「生物」	生殖と発生	生物の生殖や発生について、動物と植物の配偶子形成から形態形成までの仕組みの理解
15	文化の多様性	公民・「倫理」	現代の諸課題と倫理・文化と宗教	異なる文化や習慣、価値観をもった人々の理解、共に生きていくことの大切さの理解
		地理歴史・「地理Ａ」	世界の生活・文化の多様性	世界の生活・文化の多様性の理解、異文化を理解し尊重することの重要性の考察
16	グローバル化が進展する社会に生きる	公民・「倫理」	現代の諸課題と倫理・文化と宗教	異なる文化や習慣、価値観をもった人々の理解、共に生きていくことの大切さの理解
		地理歴史・「地理Ａ」	世界の生活・文化の多様性	世界の生活・文化の多様性の理解、異文化を理解し尊重することの重要性の考察
17	対立から国際平和を考える	公民・「現代社会」	国際社会の動向と日本の果たすべき役割	国際社会における日本の果たすべき役割及び日本人としての生き方についての考察
		地理歴史・「世界史Ｂ」	地球世界の到来	世界は地球規模で一体化し、二度の大戦や冷戦を経て相互依存を一層強めたことの理解
18	主権者としての自覚	公民・「政治・経済」	現代の政治	民主政治の本質についての把握、政治についての基本的な見方や考え方の育成
		特別活動・「ホームルーム活動」	ホームルーム内の組織づくりと自主的な活動	ホームルームで組織を編成し、互いの個性を尊重しながら、何らかの役割を分担し、協力し合う態度の育成

ほかにも、高等学校の総合学科では「産業社会と人間」を学校設定科目とし、「産業社会における自己の在り方生き方について考えさせ、社会に積極的に寄与し、生涯にわたって学習に取り組む意欲や態度を養う」ことを目標として、就業体験（インターンシップ）や探究学習などを行いながらキャリア教育を展開している。

こうした取り組みは、総合的な学習（探究）の時間においても展開できる。総合的な学習（探究）の時間では、小学校から高等学校までを通して、探究や見方・考え方に基づく横断的・総合的な学習を行い、自己の生き方や在り方を考えることを目標の一つとしており、キャリア教育と深くかかわっている活動であることがわかる。

今後はこうした特定の教科だけでなく、前節で示したように、小学校から一貫して特別活動がキャリア教育の要となることが強く期待されている。

4　今後、推進が期待される取り組み

最後に、新学習指導要領において特にその推進が期待されている取り組みとして、「キャリア・カウンセリング」「キャリア・パスポート」「アカデミック・インターンシップ」に焦点をあてて、そのポイントを示していく。

(1) 「キャリア・カウンセリング」

これまでもきめ細やかな進路相談の充実は進路指導において極めて重要であり、教師はその機会の確保と質の向上に努めることが求められてきた。

平成16（2004）年に出された「キャリア教育の推進に関する総合的調査研究協力者会議報告書」においても、以下のようにキャリア・カウンセリングについて示し、その重要性を強調している。

> 子どもたち一人一人の生き方や進路、教科・科目等の選択に関する悩みや迷いなどを受け止め、自己の可能性や適性についての自覚を深めさせたり、

適切な情報を提供したりしながら、子どもたちが自らの意志と責任で進路を選択することができるようにするための、個別またはグループ別に行う指導援助である。

しかし国立教育政策研究所生徒指導・進路指導研究センター（2016）は、「進路の選択」が強調されるがゆえに進路相談の場面に限定して考えられがちだが、「大切なことは日常の生活で子供たちの「気付き」を促し、主体的に考えさせ、子供たちの行動や意識の変容につなげることを意識して働きかけること」だと指摘している。その上で「先生方が語る」「子供に語らせる」「子供たちに語り合わせる」ことの重要性とその際の留意点を通して、キャリア・カウンセリングの在り方を示している（**図6-5**参照）。

新学習指導要領の総則では、主に集団の場面で必要な指導や援助を行うガイダンスと、個々の児童の多様な実態をふまえ、一人一人が抱える課題に個別に対応した指導を行うカウンセリングの双方により、児童の発達を支援することの重要性が示されている。このことからも、キャリア教育には、教師と生徒との日常的な人間関係を基盤にして、集団場面と個別対応を意図的・計画的に指導に当たることが期待されていることがわかる。

今後、キャリア・カウンセリングでは、「進路相談」「カウンセリング」といった場面やイメージにこだわらず、目の前の子供たちの経験や状況を知る教師だからこその視点や働きかけにより、個々の生徒のキャリア発達を促していくこ

図6-5　学校におけるキャリア・カウンセリング
（国立教育政策研究所生徒指導・進路指導研究センター 2016）

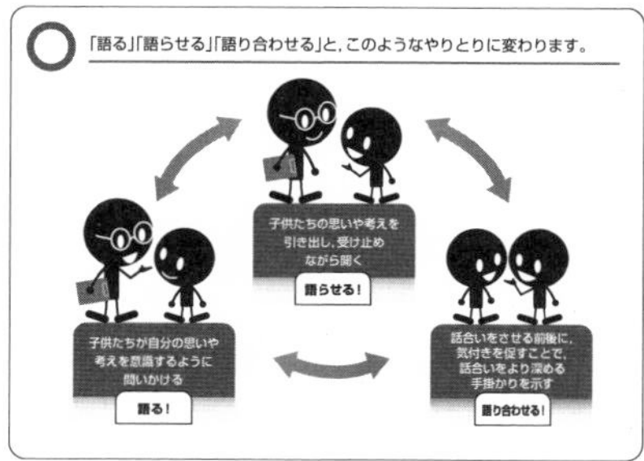

とが期待されていると言えるだろう。

⑵ 「キャリア・パスポート」

近年、異なる校種間での連携が着目されているが、特に中学校と高等学校の連携の不足はキャリア教育の大きな課題となっている。互いの実際の取り組みに目を向けることなく、「中学校では○○をしっかりと実施しているだろうから、高等学校では不要」「△△は高等学校で実施するだろうから、中学校では不要」といった憶測に基づいて、自校のキャリア教育の計画策定や実践を進めていることも少なくない。

平成28（2016）年に出された中央教育審議会「幼稚園、小学校、中学校、高等学校及び特別支援学校の学習指導要領等の改善及び必要な方策等について（答申）」では、仮称ではあるが、以下のように「キャリア・パスポート」という用語を用いて、その活用を提言している。

> 子供一人一人が、自らの学習状況やキャリア形成を見通したり、振り返ったりできるようにすることが重要である。そのため、子供たちが自己評価を行うことを、教科等の特質に応じて学習活動の一つとして位置付けることが適当である。例えば、特別活動（学級活動・ホームルーム活動）を中核としつつ、「キャリア・パスポート（仮称）」などを活用して、子供たちが自己評価を行うことを位置付けることなどが考えられる。その際、教員が対話的に関わることで、自己評価に関する学習活動を深めていくことが重要である。

この答申に基づき、新学習指導要領では、特別活動の学級・ホームルーム活動の指導に当たって「学校、家庭及び地域における学習と生活の見通しを立て、学んだことを振り返りながら、新たな学習や生活への意欲につなげたり、将来の生き方を考えたりする活動を行うこと。その際、生徒が活動を記録し蓄積する教材等を活用すること。」を求めている。

「生徒が活動を記録し蓄積する教材等」の一つの姿が「キャリア・パスポート」であり、その作成・活用によって「生徒理解の深化（生徒自身による自己理解とともに、教師による生徒理解)」「特別活動の意義の明確化（教育活動全体で行うキャリア教育の要としての意義)」「系統的なキャリア教育の推進（異なる学年間だけでなく、異なる校種間での系統性)」が期待されている。この教材は、生徒理解のためだけでなく、異なる校種間での取り組みを「見えるようにつなぐ」役割も果たすことを忘れてはならない（**図6-6**参照)。

国立教育政策研究所生徒指導・進路指導研究センター（2020）によれば、令和元年度に「キャリア・パスポート」を作成していない割合は、小学校

図6-6　わたしのキャリアノート〜夢のスケッチブック

（広島県教育委員会ホームページより）

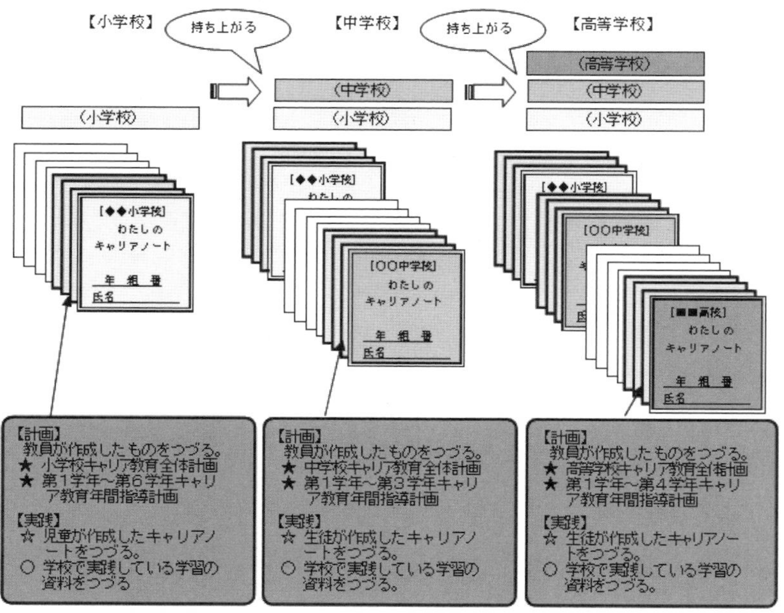

74.8%、中学校55.8%、高等学校48.0%であり、校種が上がるにしたがって作成状況が進んでいることが示されている。

今後は、「キャリア・パスポート」を作成するだけでなく、活用していくことが期待されている。「キャリア・パスポート」の校種別の例示資料案（文部科学省 2019b）や、小・中・高等学校の12年間の活用を想定した実践例（国立教育政策研究所生徒指導・進路指導研究センター 2018など）などを参考にしつつも、それにとらわれすぎずに、各地域の実情や各学校・学級における創意工夫を生かした形で作成し、柔軟に活用していくことが大切である。その際には、個人情報保護に適切な配慮をしつつ、各校種が連携・協力し、異なる校種間をつなぐ意識を持つことが望ましい。

⑶ アカデミック・インターンシップ

キャリア教育が学校に導入された当初から、職業に関する体験的な活動はキャリア教育推進のための中核的な取り組みであった。

ただし中学校での職業体験の積極的な推進に対して、高等学校での就業体験（インターンシップ）は教育課程に位置付けられずに実施されることが一般的であり、希望者のみ夏休み等を利用して参加している場合も少なくない。中でも普通科高校、特に進学校では就業体験（インターンシップ）には消極的であることが多々指摘されており、今後、上級学校との連携を密にすることによるアカデミック・インターンシップの推進が期待されている。

アカデミック・インターンシップとは、大学等の卒業が前提となる資格を有する職業に関するインターンシップである。大学等の先にある進路を見据え、興味ある学問分野に関係した研究活動等を体験し、学習意欲を高め、探究する力を身に付けることが期待されている。

大学が主体となるものが目立つが、それ以外にも、日本学術振興会による「ひらめき☆ときめきサイエンス」のように、大学や研究機関の研究者が、独創的・先駆的な研究について、その中に含まれる科学の興味深さや面白さを講義、実験等を通じて分かりやすく語りかけ、学問の素晴らしさや楽しさを感じることができるプログラムもある。

職場体験や就業体験（インターンシップ）と同様に、アカデミック・インターンシップを行う際にも、その実施をもってキャリア教育を行ったものとみなすことは避けねばならない。また、一過性のイベント的な体験で終わらせることも望ましいとは言えない。

そのカギを握るのは、やはり事前・事後指導である（第３章「コラム」を参照のこと）。職場体験や就業体験（インターンシップ）の事前・事後指導の形骸化は、多々指摘されている。例えば児美川（2013）は、体験活動が若者の中で定着していない理由として「事前指導・事後指導時間の不足」を挙げ、教育課程全体を通して、職場体験活動への広い意味での準備となるような学習活動、職場体験活動での気づきや学びをその後に深められるような学習活動の必要性を述べている。藤田（2014）は、事前指導の目的が「問題なく体験活動を遂行すること」に置かれるため、マナー教育の徹底は行われるが、職場体験活動を通して、何を観察するのか、何を感じるのかという体験活動の目的や焦点を十分に理解できないままに生徒が体験活動に参加するという事態があると指摘している。事後指導として、内容面ではなく、形式面に重きが置かれた成果発表を行うことについても疑問を呈している。

アカデミック・インターンシップを行う際にも、体験学習の下準備として生徒自身が課題分析や自己動機づけを行えるように事前指導を行うとともに、体験学習の目的や目標に照らし合わせながら、生徒自身がその成果を自己判断（評価）し、その原因も省察できるように事後指導を行うことが望ましい。

❶新学習指導要領では、なぜキャリア教育の充実を図ることが強調されていると思いますか。自分の経験を振り返ったり、今後予想される社会背景や雇用環境の変化も視野にいれながら、考えてみましょう。

❷学級活動を通して基礎的・汎用的能力を育むには、どのような仕掛けや配慮が必要だと思いますか。なぜ、そのように思うのですか。

❸各教科をキャリア教育で結ぶ学習活動例について、具体的に１つ提案してみましょう。そのように考えた理由についても、示してください。

【引用・参考文献】

中央教育審議会, 2016,「幼稚園、小学校、中学校、高等学校及び特別支援学校の学習指導要領等の改善及び必要な方策等について」(答申)

藤田晃之, 2014,『キャリア教育基礎論―正しい理解と実践のために』実業之日本社.

広島県教育委員会ホームページ
https://www.pref.hiroshima.lg.jp/site/kyouiku/06senior-2nd-career-sketchbook-sketch20top.html（最終閲覧日2021年２月11日）

国立教育政策研究所生徒指導研究センター, 2009,「キャリア教育って結局何なんだ？：自分と社会をつなぎ、未来を拓くキャリア教育」

国立教育政策研究所生徒指導研究センター, 2012,「キャリア教育をデザインする「今ある教育活動を生かしたキャリア教育」」

国立教育政策研究所生徒指導・進路指導研究センター, 2016,「「語る」「語らせる」「語り合わせる」で変える！キャリア教育」

国立教育政策研究所生徒指導・進路指導研究センター, 2018,「キャリア・パスポート特別編」

国立教育政策研究所生徒指導・進路指導研究センター, 2020,「キャリア教育に関する総合的研究 第一次報告書」

児美川孝一郎, 2013,『キャリア教育のウソ』ちくまプリマリー新書.

文部科学省, 2011,「中学校キャリア教育の手引き」教育出版.

文部科学省, 2019a,「令和元年度学校基本調査（確定値）の公表について」

文部科学省, 2019b,「キャリア・パスポート」導入に向けた調査研究協力者会議（第３回）配付資料

下村英雄, 2009,『キャリア教育の心理学―大人は、子どもと若者に何を伝えたいの

か』東海教育研究所.
東京都教育委員会，2016，「学校設定教科「人間と社会」の設置及び使用教科書について」

【注】

i「よりよい学校教育を通してよりよい社会を創るという理念を学校と社会とが共有し、それぞれの学校において、必要な学習内容をどのように学び、どのような資質・能力を身に付けられるようにするのかを教育課程において明確にしながら、社会との連携及び協働によりその実現を図っていく」という考え方。

ii 学級活動は初等教育や前期中等教育課程で行われる活動であり、ホームルーム活動は後期中等教育課程で行われる活動であるが、本書では両者を合わせて「学級活動」とする。

iii 国立教育政策研究所生徒指導・進路指導研究センター（2012）では、学校で実践してきた教育活動には「宝＝キャリア教育の断片」がすでに多くあり、それを活用するという視点でキャリア教育を捉えなおすことを提案している。

第７章

全国調査からみるキャリア教育の現状

　進路指導やキャリア教育をめぐっては、感覚的・情緒的論拠に基づいて概念的に語るだけでなく、その実状にも目を向けることが重要である。
　本章では、国立教育政策研究所による全国調査である「キャリア教育に関する総合的研究」に基づいて、キャリア教育の現状をみていく。

これまでの章でみてきたように、キャリア教育の重要性は繰り返し強調されているが、キャリア教育をめぐっては、「どうあらねばならないのか」という理想論に留まり、感覚的・情緒的論拠に基づいて概念的に語られることが多い。理想的な概念であるがゆえに抽象的・非現実的となり、その実状とは乖離がみられることも少なくない。

本章では、キャリア教育に関する調査の中でも最も大規模であり、小学校・中学校・高等学校のキャリア教育の実状について実証的に分析している「キャリア教育に関する総合的研究」に基づいて、いくつかの視点から現状をみていく。

1　「キャリア教育に関する総合的研究」の概要

「キャリア教育に関する総合的研究」は、キャリア教育に関する実態を把握するとともに、小学生・中学生・高校生の意識等も明らかにし、今後の各学校におけるキャリア教育の改善・充実を図るための基礎資料を得ることを目的として、国立教育政策研究所生徒指導・進路指導研究センターが実施したものである[i]。

具体的には、令和元年７月～10月に「小学校，中学校，高等学校におけるキャリア教育に関する実施状況と意識調査（学校調査)」「学級・ホームルーム担任のキャリア教育に関する意識調査（担任調査)」「在校生の進路に関する意識調査（児童生徒調査)」の３種類[ii]の調査を実施している（詳細は、国立教育政策研究所生徒指導・進路指導研究センター 2020を参照のこと)[iii]。

2　キャリア教育に関する学習の機会・内容

学校では、どのような時間をつかい、どのような内容のキャリア教育を実施しているのだろうか。

(1) 学習の機会

図7-1は、キャリア教育に関する学習の機会として、「児童生徒のキャリア発達を意識した授業等を企画・実施しているか」を学校調査にて管理職に尋ねた結果である（複数回答可）。

いずれの学校種でも実施率が最も高いのは「総合的な学習（探究）の時間」であり、85％を超えている。中学校や高校では、「特別活動」がそれに次いで75％以上である。その一方で、小学校では、「特別活動」「各教科の授業」が60％以上、「道徳科の授業」も55％を超えるなど、学習の機会が多様化していることがわかる。

「各教科の授業」は中学校や高校では半数に満たないような状況であり、現状では、新学習指導要領で示されている期待との乖離が大きいと言わざるを得ない。

(2) 学習の内容

図7-2は、「キャリア教育に関する学習内容を企画・実施しているか」を同様に尋ねた結果である（複数回答可）。

全体的にみて、中学校でのキャリア教育が積極的に進められていることがわ

図7-1　キャリア教育に関する学習機会
（国立教育政策研究所生徒指導・進路指導研究センター 2020に基づき、筆者作成）

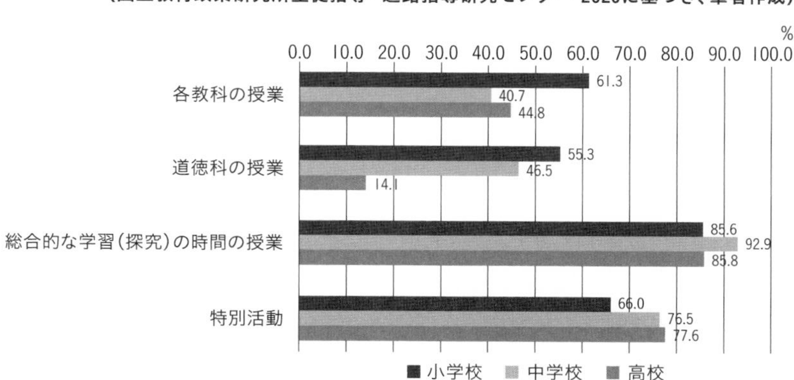

図7-2　キャリア教育に関する学習内容
(国立教育政策研究所生徒指導・進路指導研究センター 2020に基づき、筆者作成)

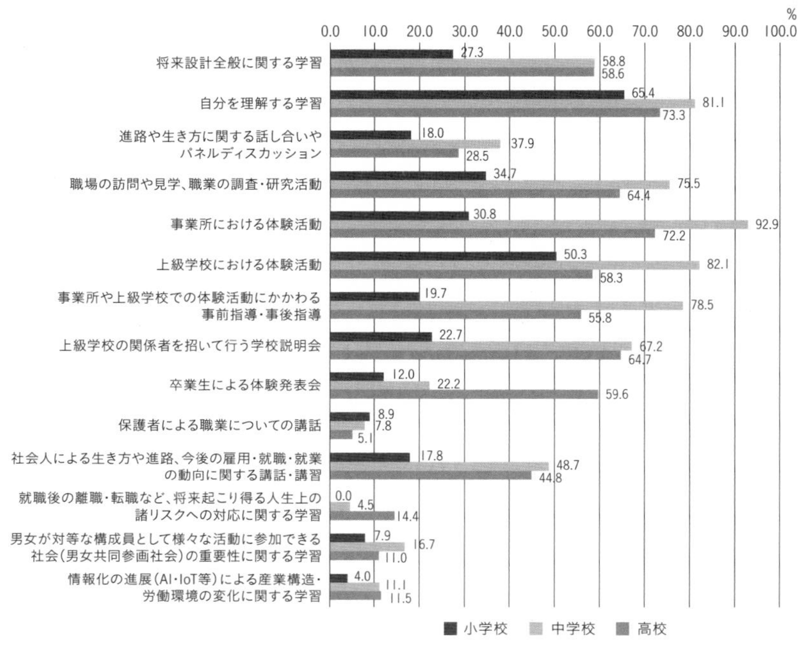

かる。特に事業所や上級学校での体験活動やその事前指導・事後指導は、その傾向が顕著に示されている。

学校種による傾向としては、「自分を理解する学習」はいずれの学校種でも65%を超えているが、小学校では他の学習内容より明らかに高い。また高校では、他の学校種に比べて「卒業生による体験発表会」の実施率が明らかに高く、約60%の学校で企画・実施されている。

3　高校の管理職のキャリア教育の成果に対する認識

小学校や中学校に比べて、高校、とりわけ普通科におけるキャリア教育の在り方が問われ続けている。高校では学科の特色や生徒の卒業後の進路傾向などによって重きをおく取り組みも異なる可能性は高く、各校のキャリア教育の目的や内容は管理職の判断によるところが大きい。

図7-3は、「キャリア教育による成果」について学校調査にて管理職に尋ねた結果を、学科や卒業後の進路傾向別[iv]に示したものである。

「学校や地域の課題解決に向かっている」以外は、「専門学科」「総合学科」に比べて、卒業後の進路傾向を問わず「普通科」の低さが示されている。中でも「生徒が社会的・職業的自立に向けて貴校で育成したい力を身に付けてきている」は、その傾向が明らかである。「普通科進学校」は「普通科進路多様校」と比較しても5ポイント以上の差が示されており、こうした成果を実感できないことが、普通科高校、特に進学校においてキャリア教育に消極的である一因ではなかろうか。

自校で育成したい能力や態度の設定に当たっては、基礎的・汎用的能力を基盤としながらも、それぞれの学校・地域等の実情や、各校の生徒の実態をふまえ、学校ごとに育成を目指す能力や態度を明確かつ具体的に定めることが重要である（**図7-4**参照）。

その一方で、「学習全般に対する生徒の意欲が向上してきている」は、「普通科進路多様校」が「普通科進学校」より10ポイント以上低く、こうした成果を実感できないことが、普通科高校、特に進路多様校においてキャリア教育を

図7-3　高校の管理職のキャリア教育の成果に対する認識
（国立教育政策研究所生徒指導・進路指導研究センター 2020に基づき、筆者作成）

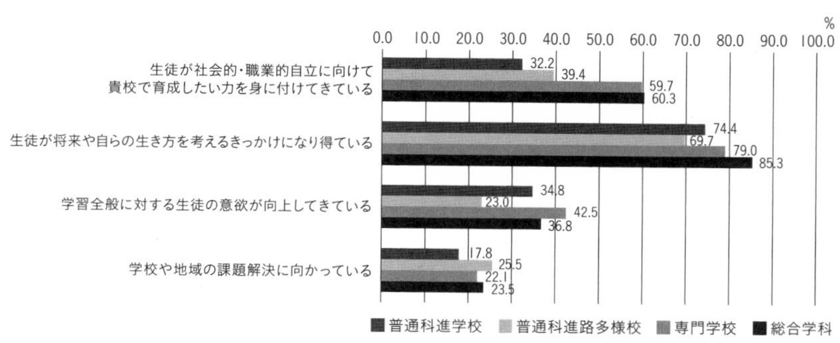

図7-4　育成したい能力や態度の設定（文部科学省 2012）

進める際の課題になっているものと思われる。

4　学級・学年におけるキャリア教育の計画・実施

第6章では、キャリア教育の今後の方向性の一つとして「学級活動の重要性」を示したが、学級・学年におけるキャリア教育の計画・実施等は、どのような状況なのだろうか。

図7-5は、「学級・学年におけるキャリア教育の計画・実施の現状」について学級担任（各学校種の最高学年の学級担任）に尋ねた結果[v]である（複数回答可）。

まず学級や学年の「計画（Plan）」については、学校種による大きな違いは示されていない。約半数が「学校全体の計画に基づいて作成されたもの」、約30%が「児童生徒のキャリア発達の課題に即して作成されたもの」を学級・学年におけるキャリア教育の計画としている。

ただし、「学級・ホームルームまたは学年のキャリア教育は計画に基づいて実施している」学校は、中学校や高校では半数に満たず、小学校にいたっては約40%にとどまっている。計画に基づいて実施することが必ずしも適切であるとは言えないが、その背景や要因については、目を向ける必要があるだろう。

続いて学級や学年の「実践（Do)」については、「学校調査」でも同様の傾向が示されているが（**図7-2**参照)、中学校での将来の進路に関わる体験活動およびその事前指導・事後指導の実施率の高さが目立つ。中学校の半数以上の担任が、「地域や家庭から協力を得るように努めている」ことも示されている。

また、進路指導が根付いていることもあってか、約85%の中学校や高校では生徒の個別面談・進路相談を担任が実施している。

その一方で、いずれの学校種でも、指導案や教材の作成等の工夫は約10%、指導力の向上は10%にも満たないなどの課題も浮かび上がっている。

最後に学級や学年の「評価（Check)」や「改善（Action)」については、

図7-5　学級・学年におけるキャリア教育
（国立教育政策研究所生徒指導・進路指導研究センター 2020に基づき、筆者作成）

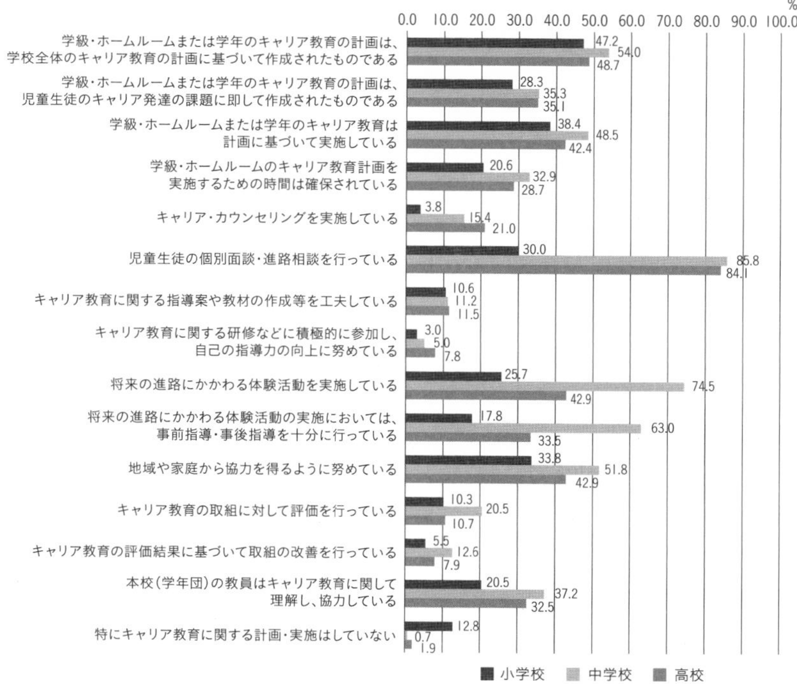

中学校では他の学校種に比べると積極的に取り組んでいることが示されているが、全体的に取り組みが遅れていることがわかる。

とはいえ、中学校や高校の担任の30～40％は「本校（学年団）の教員はキャリア教育に関して理解し、協力している」と認識しており、「特にキャリア教育に関する計画・実施はしていない」担任はほぼいない結果が示されている。この状況を土台として、今後、「評価」「改善」へと進めていくことが期待される。その一方で、同様の認識をもつ小学校の担任は20％程度であり、「特にキャリア教育に関する計画・実施はしていない」担任も10％を超えるなど、小学校の担任には、キャリア教育がまだ浸透していない様子もうかがえる。

5 職場体験・就業体験に参加した生徒の意見

職場体験や就業体験に実際に参加した生徒は、いかなる意義を見出しているのだろうか。

国立教育政策研究所生徒指導・進路指導研究センター（2020）によれば、職場体験活動に参加して「有意義な活動だと思う」中学３年生、就業体験活動（インターンシップ）に参加して「有意義な活動だと思う」高校３年生、ともに90％を超える非常に高い結果を示している。「有意義な活動だと思う」と回答した生徒を対象に、「どのような点から有意義な活動だと思ったのか」について尋ねた結果が**図7-6**である（複数回答可）。

「楽しかった」「ルールやマナーの重要性を知ることができた」は、中学生では約60％と高校生より25ポイント以上も高いが、その他の項目については両者に大きな差が示されていない。

ただし中学生は、上記の２つの意義に加えて「将来の職業選択を考えるうえで役に立った」「多様な働き方があることを知ることができた」も半数を超えており、職業理解を深めるうえでも有意義であったと思う生徒が少なくない。高校生は、「将来の職業選択を考えるうえで役に立った」が半数を超えているが、学科の多様性もあり、有意義な活動だと思う理由は様々であることがわかる。

図７-６　職場体験・就業体験の意義
（国立教育政策研究所生徒指導・進路指導研究センター 2020に基づき、筆者作成）

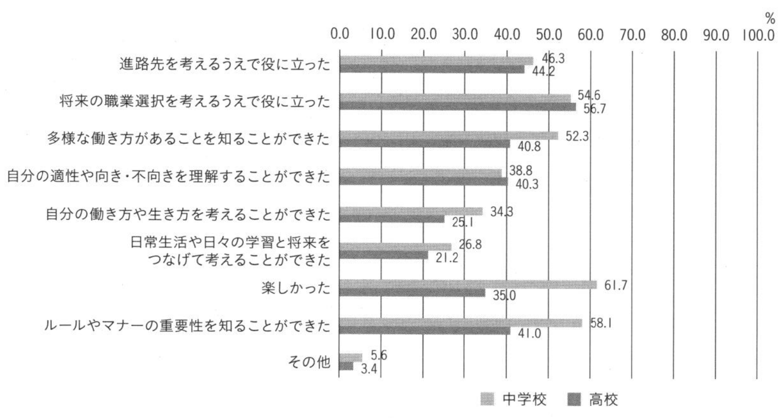

本章で取り上げた調査以外にも、キャリア教育に関する調査は、自治体や教育委員会、各学校において実施されはじめている。政策文書や学習指導要領等とともに、キャリア教育の実態をつかむためにも、こうした様々な調査の報告に目を向けてみるとよいだろう。

コラム　大学生が振り返る職場体験の意義

職場体験や就業体験（インターンシップ）では、学校が設定した目標やねらい以外にも、予期せぬ影響や効果を生徒にもたらす可能性がある。

以下では、大学生が自身の体験を振り返った記録（傍線は筆者のよるもの。個人情報に関わる箇所は、修正している）をとおして、その影響や効果について考えてみたい。

〈Ａさんのケース〉
私は教師になることが夢だったので、小学校に職場体験に行きました。担当クラスの授業の補助や、用務員さんの手伝いをしました。実際に目にしたり、体験をすることで、その職場について深く知ることができました。例えば私は１年生を担当したのですが、想像していたより体力が必要であると感じました。

学校に慣れていないためか、長時間椅子に座っていられなかったり、授業中にいきなり話し出したりしてしまう子もいて大変でした。しかし実際に体験することで、なりたいという気持ちが強くなりました。

まずAさんは、希望している職場を体験し、そこでの大変さなども体験した上で、その職業への希望を一層強めた例である。現在は、大学の教育学科に所属し、その希望を現実にするために努力を重ねている。

〈Bさんのケース〉

私は当時、保育士になりたいと思っていた。だから、私は幼稚園に職場体験に行った。実際に行ってみると思っていたようなものと違ったが、そのおかげで想像力が膨らんだ。保育園の先生に密着し、実際の業務内容を学んでいく中で、私は幼稚園（保育園）の先生よりも学校の先生の方が向いているような気がした。だから、私は現在教育学科に進学している。恐らくあの職場体験が無ければ、私は保育の専門学校に通っていたことであろう。そう考えると、あの体験は本当に貴重で大切な体験であったと思う。私の人生の選択を変えた大きな瞬間であったからこそ、この体験はとても印象に残っている。

Bさんも、Aさんと同様に、希望している職場を体験している。ただしAさんとは異なり、職場体験によって希望する職業を変更した例である。「希望している職場の体験をした結果、別の職業の方が向いている」という実感を得ることができたという点で、この職場体験は貴重な機会であったといえるだろう。

〈Cさんのケース〉

私は本屋や図書館での体験を希望したが、人数の問題で行くことができず、先生が選んだ職場へ行くことになった。そこの商品が好きだったわけではないし、接客にも自信がなかったので、はじめはとても不安だった。しかし、やってみると色々な発見があって楽しかった。中学生の私にとっては驚くような工夫や知識があり、接客も楽しんで行えた。この体験から、私が将来なりたい職業について何もしらないことに気づいたし、今まで考えていなかった職業も興味が湧き調べてみる、など貴重な体験となった。

Cさんは、希望する職場での体験はできなかったが、体験した職業の楽しさや工夫を感じることができた例である。希望していた職業を含めて職業への理解不足に気づき、調べることにつながる好機となっている。

〈Dさんのケース〉
私は、友達のお母さんが働いている病院で職業体験をした。実際の現場を見ることは貴重な体験で、ドラマで見る理想とは違い、過酷でキラキラした世界ではないことを学んだ。当時の私からすると、職業体験は結構きつくて、教えてくれた看護師さんも仕事で忙しいため、私たちを相手にしてくれる時間はあまりなかった。しかし、本当の社会はこのような世界なのだと知ることができて、自分の将来を考え直すいい機会だった。

Aさん、Bさん、Cさんのように、特定の職業希望をもって職場体験をする生徒ばかりではない。Dさんは特定の職業希望がない状態で職場体験をし、その職業に対する理想（イメージ）とは異なる現状を知った例である。リアルな職業世界を体験することで、自分の将来を考え直す機会となっている。

〈Eさんのケース〉
私は○○で職場体験をしたが、２日でもう働きたくないと感じた。この情報は、今に役立っている。莫大な量の職業から生涯働いていく職業を選ぶ際にまず必要なのは、働きたくないと思う職業を見つけることだと考える。そして、色々な職業を見てきたときにようやく「天職」というものに出会えるのだと思う。そういった考えを持たせてくれた職場体験は貴重なキャリア教育であったと今でも感じる。

Eさんも特定の職業希望を持っていなかったが、体験した職場では働きたくないと感じた例である。事後指導が特に必要なケースだが、「働きたくない職場や職業」に気づき、職業選択のあり方を自分なりに考えるに至ったという点で、貴重な機会となっている。

いずれの記録からも、大学生になった今、職場体験から得たものが進路選択上の財産となっていることがわかる。

❶「キャリア教育に関する総合的研究第一次報告書」(【引用・参考文献】内のURLよりダウンロード可)に目を通して、「理想と現状との乖離」という観点から関心をもった項目について、自分なりに分析をしてみましょう。

❷本章で取り上げた調査以外にも、進路指導やキャリア教育に関する調査を探し、自分なりに分析をしてみましょう。

❸あなた自身の職場体験や就業体験(インターンシップ)の経験を振り返り、その影響や効果について、自分なりに分析をしてみましょう。

【引用・参考文献】

国立教育政策研究所生徒指導・進路指導研究センター, 2020,「キャリア教育に関する総合的研究第一次報告書」
https://www.nier.go.jp/shido/centerhp/career_SogotekiKenkyu/(最終閲覧日2021年2月11日)

文部科学省, 2012,「高等学校キャリア教育の手引き」教育出版.

【注】

i 前々回となる平成17年度には、中学校・高等学校を対象として実施している。平成24年度に実施した前回は、児童生徒の社会的・職業的自立に向け、小学校段階から発達段階に応じたキャリア教育の推進・充実が強く求められている状況を踏まえ、新たに小学校も調査対象に加えて実施した。

ii「学校調査」は管理職に回答を依頼、「学級・ホームルーム担任調査」は各学校の最高学年の学級・ホームルーム担任全員に回答を依頼、「児童生徒調査」は各学校の最高学年において児童生徒数が最も多い学級・ホームルームの児童生徒全員に回答を依頼している。

iii 395ページに及ぶ報告書であり、本章で取り上げた項目はごく一部に過ぎない。

iv「学校調査」では学科や卒業生の就職率を尋ねているので、普通科は「進学校(就職率1割未満)」と「進路多様校(就職率1割以上)」に分けて分析している。

v 小学校、中学校、高校での調査全てに共通する項目のみを分析対象とした。

第8章

大学における
キャリア教育

　これまでの章では初等・中等教育に着目してきたが、キャリア教育は大学等の高等教育においても展開されている。
　本章では、大学におけるキャリア教育について、推進の経緯を示すとともに、調査に基づく現状や課題をみていく。

1　学生の資質・能力の多様化

戦後、日本の高等教育は経済成長とともに拡大してきた。1990年代には、高校卒業者数が減少しているにもかかわらず、大学や短期大学への進学率は上昇し、以降、ユニバーサル教育段階の状況が続いている（第1章 **図1-1**を参照のこと）。

その影響として、学力低下論等などと絡めながら、学生の多様化の様相が多方面より問題視されている。中でも厳しい声を寄せるのは、産業界である。グローバル化やデジタル化等の進展によって世界経済は目まぐるしく変化しており、日本企業も外国企業や異業種の企業等との厳しい市場競争にさらされている。経済同友会（2015）は「資源の乏しいわが国において、こうした競争を勝ち抜く力の源泉となってきたのは、層が厚く、資質能力の高い人材に他ならない。」と示し、日本の成長を支えるためには「資質能力の高い人材の育成は急務であり、社会全体で真剣に考え、対処していかなければならない問題である。」と危機感をあらわにしている。

こうした状況の下、教育再生実行会議（2015）は、「社会の変化の中を生き抜くためには、人間に求められる能力も変わり続けることが不可避となり、教育の在り方も変わっていかなくてはなりません。また、十人十色の個々の才能に合わせて多様な教育を提供していくことも必要です。」と示し、社会の変化を見据えながら、個々の資質・能力に合わせて、教育のあり方を対応させることを強調している。大学に対しても、今後の社会の変化を見据え、多様化する学生の資質・能力をいかしつつ、多様な教育や支援を提供していくことが期待されている。

2　キャリア教育推進の背景と経緯

宮下（2010）は大学生のキャリア発達の問題点の一つとして、「自己吟味の欠落」を挙げている。かねてより、大学生にはモラトリアム期にある者が多いと言われているが、近年、学生が自己を吟味し、自己のアイデンティティを育むような機会を提供することが大学には期待されている。

またキャリア発達という観点から言えば、大学生は「探索」段階の「移行期」にあたる（詳細は、第９章を参照のこと）。そのため、モラトリアム期にあるような学生だけでなく、職業希望をもつ学生に対してもインターンシップなどにより現実吟味できるような機会が、近年の大学には強く求められている。

大学がこうした機会を「キャリア教育」として推進しはじめたのは、小学校、中学校、高等学校での導入・推進より10年ほど遅れてのことである。「在り方答申」においても、高等教育段階におけるキャリア教育の推進のポイントとして、「後期中等教育修了までを基礎に、学校から社会・職業への移行を見据え、教育課程の内外での学習や活動を通じ、高等教育全般で充実する」ことが明示されている[i]。

大学がキャリア教育に着目した背景には、大学生のキャリア発達上の問題だけでなく、雇用環境の悪化がある。平成20（2008）年に起きたリーマン・ショック後の世界同時株安や急速な円高などの影響を受け、若年者を取り巻く雇用環境は非常に厳しい状況となり、十分な就労意欲や職業意識をもちながらも就職できないような学生が続出したのである[ii]。

図８-１は、大学生の卒業後の進路状況を「進学者」「就職者」「一時的な仕事に就いた者、進学も就職もしていない者」に区分して示したものである。大学卒業後の就職状況には、バブル経済の崩壊、リーマン・ショックといった社会背景やそれに基づく雇用環境が大きく影響していることが顕著に示されている。「進学率」がほぼ横ばいである一方で、「就職者割合」と「一時的な仕事に就いた者、進学も就職もしていない者の割合」は相補的であり、鏡の関係にあることが分かる。

こうした状況に対応すべく、平成21（2009）年10月には、「緊急雇用対策」が政府一体となりとりまとめられた。同年12月さらには翌年３月には、文部科学省・厚生労働省・経済産業省の連名で、中小企業団体を含めた経済団体等に対し、新規学卒者の採用に関する要請を行うなど、就職環境の改善に向けた、

図８－１　大学卒業者の進路状況[iii]**（文部科学省 2018）**

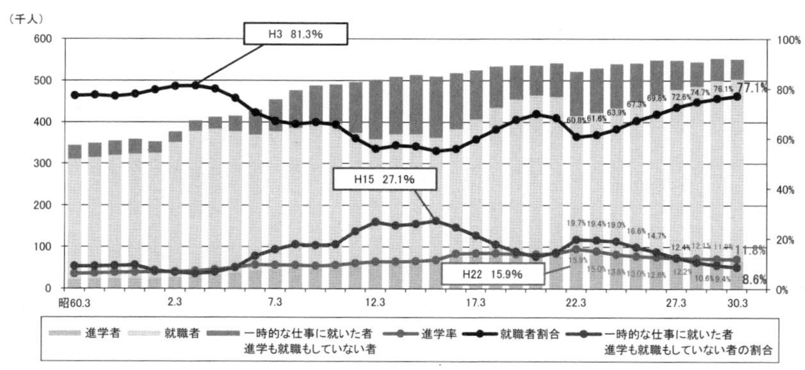

（注）図中の枠囲いは，最高値である。

雇用者側に対する働きかけも推し進められている。

若者の就労意欲や職業意識の低下も問題視され、大学に対してもその対応は迫られてきた。例えば平成15（2003）年には政府が一体となって「若者自立・挑戦プラン[iv]」を打ち出し、キャリア教育やインターンシップ等、教育段階から職場定着に至るキャリア形成及び就職支援を推し進めることになった。

国立大学協会では「学生（院生を含む）のキャリア発達を促進する立場（目的）から、それに必要な独自の講義的科目やインターンシップ等を中核として、大学の全教育活動の中に位置づけられる取り組み」とキャリア教育を定義づけ、**図８－２**のようにその枠組みを提示している。

この構想は「若者自立・挑戦プラン」や「キャリア教育の推進に関する総合的調査研究協力者会議の報告書」でのキャリア教育論を継承しつつ、大学教育の所以たる大学の専門教育におけるキャリア教育（学習）の視点を提起したことが特徴になっている（寺田 2014）。

さらに平成22（2010）年には、大学設置基準及び短期大学設置基準の一部を改正する省令が公布され（翌年４月より施行）、学生の社会的・職業的自立のために、大学等における教育や学生支援が行われるように、学内組織の有機的な連携や適切な体制整備が求められた。そこには、「就職・キャリア支援」

図8－2　大学におけるキャリア教育の枠組み（国立大学協会 2005）

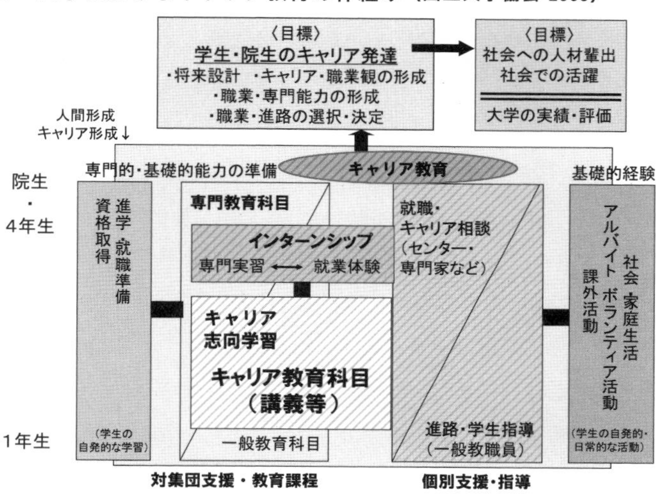

といった文言が直接的にはみられないものの、大学等における「職業指導（キャリアガイダンス）の義務化」を意味するものであり、大学へのキャリア教育の導入を意味するものであった。

キャリア教育プログラムの導入や拡充を図ろうとする大学等のために、厚生労働省では、平成26年度「キャリア教育プログラム開発事業」として、職業情報やキャリア・コンサルティングのツールやノウハウなどを活かしたキャリア教育のためのプログラムを開発している。プログラム集のほか、付随するワークシート、インタビュー集、大学の事例集が厚生労働省のホームページで公表されており、各大学の状況に応じて活用することができる。

加えて、インターンシップの推進も積極的に展開されていった。すでに平成9（1997）年には、文部省、通商産業省、労働省において、インターンシップのより一層の普及・推進を図るため、インターンシップに関する共通した基本的認識や推進方策を取りまとめた「インターンシップの推進に当たっての基本的な考え方」を作成していたが、実際に普及・推進が進んでいたとは言いがたい状況であった。

こうした状況を見直すべく、キャリア教育・専門教育や大学改革推進に向けた意義に加え、社会状況にも対応した推進の必要性、インターンシップの実施状況や課題等もふまえつつ、インターンシップに関する共通した基本的認識及び今後の推進方策の在り方の再検討が進められた。

文部科学省は「体系的なキャリア教育・職業教育の推進に向けたインターンシップの更なる充実に関する調査研究協力者会議」を設け、平成25（2013）年には「「インターンシップの普及及び質的充実のための推進方策について」意見のとりまとめ」として示した。その冒頭「はじめに」において、「インターンシップは、大学における学修と社会での経験を結びつけることで、学生の大学における学修の深化や新たな学習意欲の喚起につながるとともに、学生が自己の職業適性や将来設計について考える機会となり、主体的な職業選択や高い職業意識の育成が図られる有益な取組」とあるように、大学におけるインターンシップの取り組みの重要性やその活用を求める内容となっている。

さらに平成26（2014）年４月及び平成27（2015）年12月には「インターンシップの推進に当たっての基本的考え方」が一部改正され、その背景及び趣旨説明、「基本的考え方」の新旧対照表といった関係資料も公開されている。

3　キャリア教育推進を財政的に支援するプログラム

若年者の就職環境を取り巻く状況に応じて、文部科学省では高等教育機関におけるキャリア教育を財政的に支援するプログラムを推し進め、大学においても予算の投入を受けた教育プログラムに積極的に取り組んできた。

以下にて、主な支援プログラムの概要や採択された大学および教育プログラムの例を紹介する。

(1)　現代的教育ニーズ取組支援プログラム「実践的総合キャリア教育の推進」

平成18年度および平成19年度には、大学等において組織的に実施される質の高い実践的かつ体系的なキャリア教育を推進し、学生の高い職業意識・能力を育成することを目指して、現代的教育ニーズ取組支援プログラム「実践的総合キャリア教育の推進」が進められた。

選定された大学の取り組みに目をむけると、「大学と地域が育む「ふるさとキャリア」—新しい職業教育分野の創成に向けて—（秋田県立大学）」「追大型自主自立キャリア支援モデルの展開—全学の動機づけとワン・ツー・ワンの相談対応（追手門学院大学）」等、各大学の特色をいかしながら、さまざまな勤労体験や啓発的経験等を通して学生の自己理解を促し、自己肯定感、自己効力感、自己有用感を高め、適切な自己決定や職業的自己実現へと導くようなプログラム開発やシステムの基盤構築等が多くみられる（平成18年度の選定取組の概要及び選定理由は文部科学省 2006、平成19年度の選定取組の概要及び選定理由は文部科学省 2007を参照のこと）。

⑵「大学教育・学生支援推進事業」就職支援推進プログラム

平成21年度には、政府一体で取り組むこととなった「緊急雇用対策」をふまえ、学生の就職率の向上やキャリア形成の促進を図ることを目的とした「大学教育・学生支援推進事業」就職支援推進プログラムが進められた（選定状況は、文部科学省 2010aを参照のこと）。

このプログラムは、大きく以下の２つの取り組みに分けられている。

①「就職相談員の配置促進による就職相談の充実」

大学等への就職相談員（キャリアカウンセラー等）の配置等関係機関と連携した就職相談体系の強化を図る取り組みを支援するものであり、「地場企業との連携を強め地方学生に有効な就職支援の展開（旭川大学）」等、各大学や地域の特質をいかしながら、学生の就職相談やキャリア・カウンセリングの体制強化を目指す取り組みが選定されている。

②「就職力を高めるキャリアガイダンスの推進」

学生の卒業後の社会的・職業的自立につながる教育課程内外にわたる取り組み（キャリアガイダンス）を支援するものであり、「キャリア教育とキャリア支援の連携による就職力の向上（神戸国際大学)」等、各大学の特質をいかしながら、授業や支援といった枠を超えた教育課程内外にわたる多様な取り組みが選定されている。

(3) 「産業界ニーズに対応した教育改善・充実体制整備事業」

平成22（2010）年に閣議決定された「新成長戦略実現に向けた３段構えの経済対策」をふまえ[v]、「大学生の就業力育成支援事業」が進められた。この事業は、入学から卒業までの間を通した全学的かつ体系的な指導を行い、学生の社会的・職業的自立が図られるような教育改革の取り組みを支援することを目的にしたもので、当初の予定件数を上回る取り組みが選定された（選定状況は、文部科学省 2010bを参照のこと)。

しかし「大学生の就業力育成支援事業」は予定されていた５カ年を待たずに平成23年度で廃止となり、平成24年度からはその成果を活かしつつ、「産業界のニーズに対応した教育改善・充実体制整備事業」が進められている。この事業は地域ごとの「大学グループ」の取り組みに対して支援を行うものであり、複数の大学等がグループを結成し、地元企業・自治体・経済団体等との産学連携体制を拡充することで、個々の大学の限界を超える取り組みを推進するものである。「首都圏に立地する大学における産業界のニーズに対応した教育改善（青山学院大学等)」「産学協働による学生の社会的・職業的自立を促す教育開発（新潟大学等)」等、各大学等の特質や課題をふまえ、地域との連携により人材育成や教育改善を図るような取り組みが選定されている（選定状況は、文部科学省 2012を参照のこと)。

上記の取り組みを【テーマA】とし、その成果をふまえつつインターンシップ等の取り組みの拡大を図る事業が、平成26年度より【テーマB】として実施されている。それぞれの地域でインターンシップ等を推進する組織・団体等との連携の下、インターンシップ等のマッチングや専門人材の養成等の取り組みを支援するとともに、本事業を通じて得られた効果的な取り組みの全国への普及を目的としている。「東北の「結い」で繋ぐふるさとインターンシップの拡充（東北インターンシップ推進コミュニティ・岩手県立大学等）「滋京奈地域における産学連携インターンシップ等による人材育成（滋京奈地域インターンシップ推進協議会・京都産業大学等）」等、事前・事後教育等の充実・体系化も含め、インターンシップの普及・定着をめざした取り組みが選定されている（選定状況は、文部科学省 2015を参照のこと）。

高等教育機関におけるキャリア教育を推進すべく、上記のようなプログラムが展開されてきたが、検証改善が十分になされていたとはいいがたい。その結果、財政支援が終了した後には、形骸化してしまった教育プログラムもみられる。

4 キャリア教育科目の開設状況

大学では、学生の卒業後の就職指導を「就職支援」と称し、さらには「キャリア支援」という枠組みに発展させ、その中核に「キャリア教育」を位置づけながら、入学後の早期の段階からのカリキュラム化の検討・導入も積極的に推し進めてきた。それは単に学生個人のキャリア意識形成や就職活動を支援するだけでなく、学生の就職状況が大学の評価にもつながりうるため、いまや多くの大学においてきわめて重要な教育・支援活動となっている。

そもそも、学生の就労観や職業観を醸成するために、大学の果たす役割が大きいことは言うまでもない。しかし大学や短期大学への進学が大衆化する中で、学習意欲に欠ける学生、コミュニケーション能力の乏しい学生、ストレスに弱く自己を管理することが苦手な学生なども少なからずみられることが多方面より報告されている。その一方で、知識基盤社会の到来、産業構造の変化、グローバル化や少子高齢化の進行等により、学生に対する期待は高まっている。

大学における「職業意識の形成に関する授業科目」の開設状況は、平成11年度は全体のおよそ２割、平成17年度は全体のおよそ５割、平成20年度は全体のおよそ75.0％と、2000年代の10年間で著しく増加している（望月

図8-3　キャリア教育科目（必修）の「未開設」率の推移
（日本学生支援機構 2020）

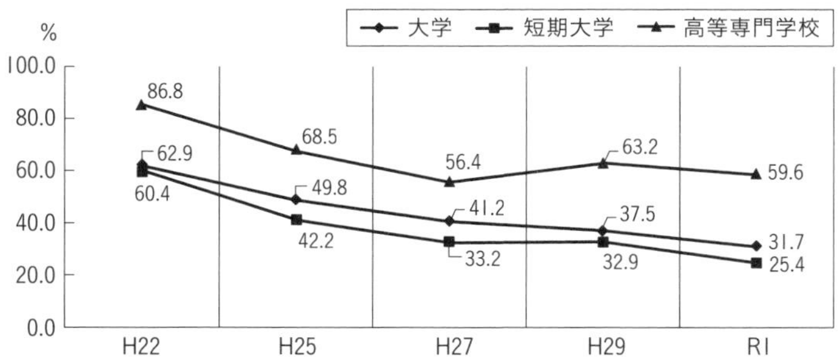

図8-4　就職（内定）率の推移（大学）（文部科学省 2020）

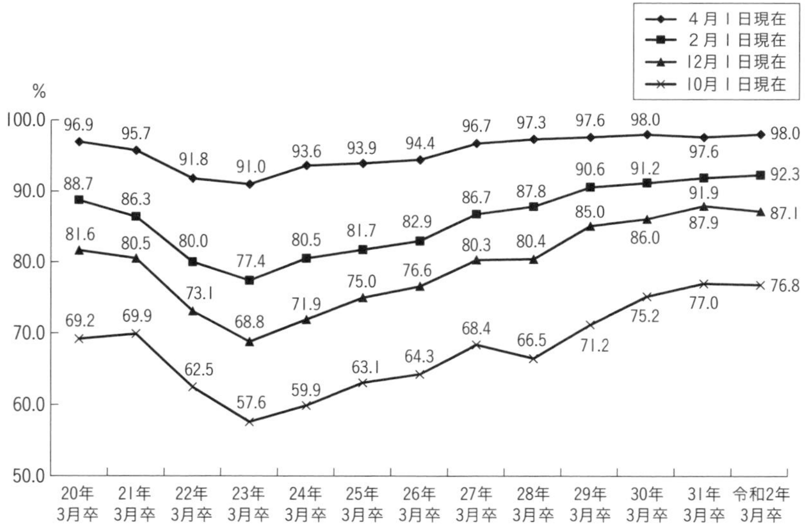

2011）。

図8-3は、大学設置基準の一部改正によってキャリア教育が半ば義務的に導入されて以降、必修科目として設定したキャリア教育科目の「未開設」率の推移を学校種別に示したものである[vi]。

いずれの学校種でも「未開設」率は年々下がり、10年前より30ポイント程

図8-5　大学学部卒業者の進路（文部科学省 2019）

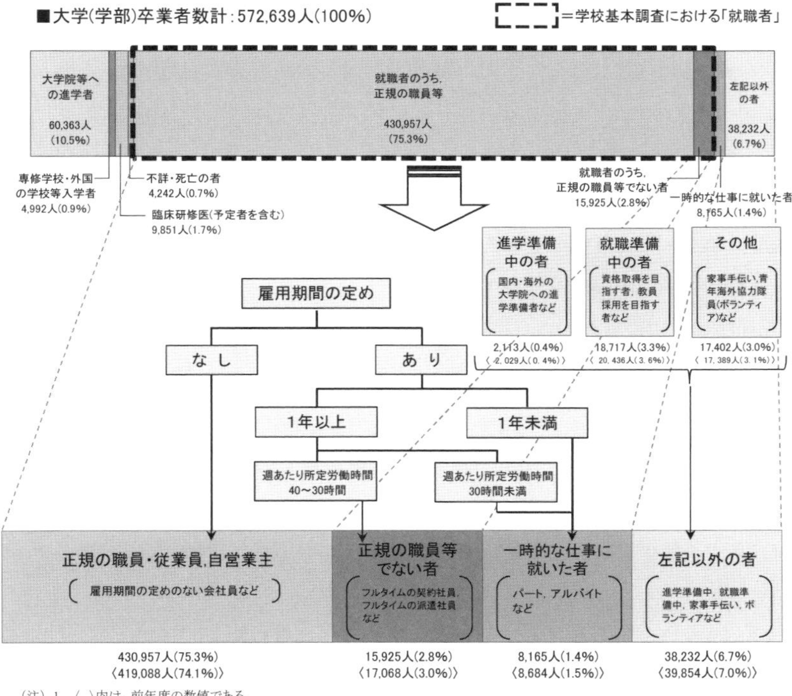

(注) 1　〈　〉内は，前年度の数値である。
　　 2　「就職者」には，進学しかつ就職した者を含む。

度低下していることから、キャリア教育は必修科目として着々と開設されていることが明らかであるvii。

近年、大学を卒業した後の就職状況は一時期に比べて好転し、比較的に安定した状況にあるが（**図8-4**、**図8-5**参照）、キャリア教育は就職支援やキャリア支援としてだけではなく、リメディアル教育としても推進されている。

5　大学におけるキャリア教育の課題

現在、大学ではキャリア教育にどのような課題を抱えているのだろうかviii。

日本学生支援機構が令和元年度に実施した「大学等における学生支援の取組状況に関する調査」に基づき、キャリア教育の課題を「学生の諸能力」と「大学の取り組み」に分け、それぞれ設置者（国立・公立・私立）別にみていく。

(1) 学生の諸能力について

図8-6は、キャリア教育の課題として、学生のどのような能力に課題を抱えていると大学が認識しているのかを示したものである（複数回答可）。

基礎的・汎用的能力を構成する４つの能力（「人間関係形成・社会形成能力」「自己理解・自己管理能力」「課題対応能力」「キャリアプランニング能力」）については、いずれも私立大学と国立大学が高く、私立大学では約半数以上が課題としている。

その一方で、「学生の基礎学力の低さ」が課題であるとの私立大学の認識率の高さは他に比べて圧倒的に高い。国立大学や公立大学では１割にも満たないが、私立大学ではおよそ半数の大学が課題としている。大学への進学大衆化の影響をもっとも受けていると言われる私立大学では、キャリア教育を行う上でも学生の基礎学力の低さが課題となっていることがわかる。

図8-6　キャリア教育の課題（学生の諸能力）
（日本学生支援機構 2020に基づき、筆者作成）

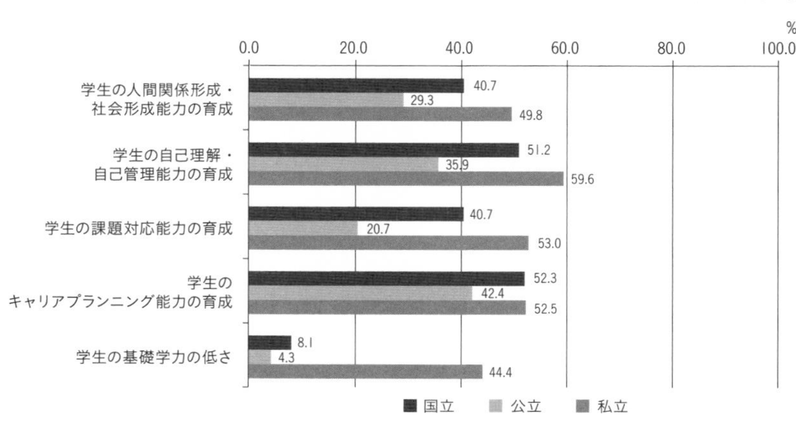

⑵ 大学の取り組みについて

図8-7は、キャリア教育の課題として、どのような取り組みなどに課題を抱えていると大学が認識しているのかを示したものである（複数回答可）。

いずれの設置者でも最も高いのは「低学年次からの指導の拡大」であり、半数程度の大学が課題としている。

全体的にみれば、「公立大学に比べて、私立大学や国立大学の認識率が高い」という傾向は、学生の基礎的・汎用的能力に対する課題認識同様、大学の取り組みに関しても多くの項目で示されている。

着目すべき点は、国立大学ならではの課題である。国立大学では、「インターンシップへの対応」「キャリアに対する教員の理解」「キャリア教育とカリキュラムの関係性」「キャリア教育の体系性」も約半数が課題としており、公立大学や私立大学に比べて高い[ix]。

図8-7　キャリア教育の課題（大学の取り組み）
（日本学生支援機構 2020に基づき、筆者作成）

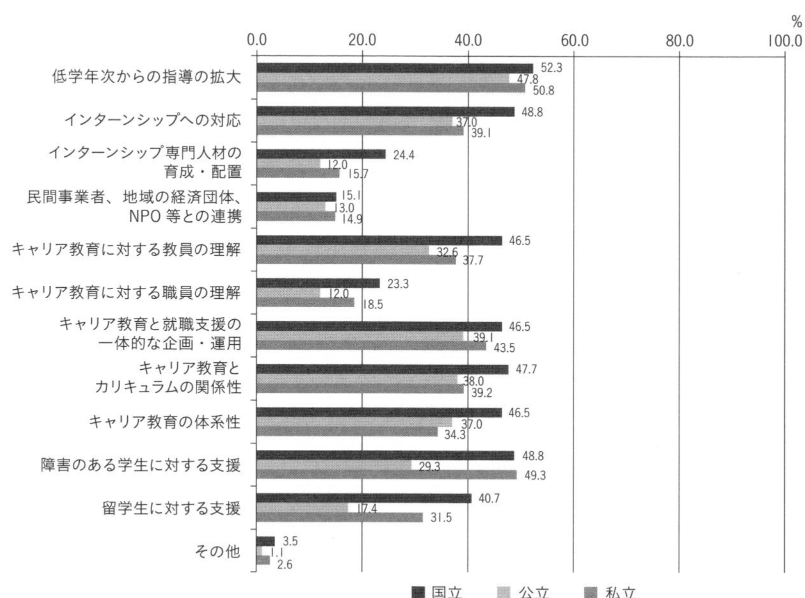

大学におけるキャリア教育が拡大していく中で、その質を深めていくためには、各大学における検証・改善が必要である。その際には、取り組みそのものに対するアウトプット評価のみならず、その取り組みの目的と照らし合わせたアウトカム評価が求められる（詳細は、第５章を参照のこと）。

近年、大学で積極的に取り組んでいる[x]「卒業年次生や卒業生に対する現況調査」は、キャリア教育の成果の検証にも活用することが可能である。しかし、「キャリア教育や就職支援の成果の検証」として、卒業年次生に対する諸調査を活用している大学は半数に満たない状況である（望月 2019）。

今後、コロナウィルスの影響により、従来とは異なるような学生支援が大学には求められるだろう。就職支援やキャリア教育に関しても、例外ではない。その目的を大きく変えることなく、教育支援のあり方や方法を現実的に工夫していくことが必要である。

❶学生の資質・能力について、どのような点で多様化していると思いますか。なぜ、そのように思うのですか。

❷大学におけるキャリア教育には、どのような機能・役割があると思いますか。高等学校までのキャリア教育との相違も考慮して、考えてみましょう。

❸大学におけるキャリア教育の課題について、どのように思いますか。なぜ、そのように思うのですか。自分の経験を振り返ったり、今後予想される社会背景や雇用環境の変化も視野にいれながら、考えてみましょう。

【引用・参考文献】

経済同友会，2015，「これからの企業・社会が求める人材像と大学への期待」

国立大学協会，2005，「大学におけるキャリア教育のあり方―キャリア教育科目を中心に―」

教育再生実行会議，2015，「これからの時代に求められる資質・能力と、それを培う教育、教師の在り方について（第七次提言）」
宮下一博，2010，『大学生のキャリア発達─未来に向かって歩む』ナカニシヤ出版．
望月由起，2010，「大学等における就職・キャリア支援の現状と課題」日本学生支援機構『学生支援の現状と課題─学生を支援・活性化する取り組みの充実に向けて』．
望月由起，2011，「大学等におけるキャリア教育・就職支援の現状─学校種や設置者による相違に着目して─」日本学生支援機構『学生支援の現代的展開─平成22年度学生支援取組状況調査より─』．
望月由起，2019，「大学におけるキャリア教育・インターンシップの現状と課題─主に設置者による相違に着目して─」『「大学等における学生支援の取組状況に関する調査（平成29年度）」結果報告』．
文部科学省，2006，「平成18年度現代的教育ニーズ取組支援プログラム選定取組の概要及び選定理由」
文部科学省，2007，「平成19年度現代的教育ニーズ取組支援プログラム選定取組の概要及び選定理由」
文部科学省，2010a，「平成21年度「大学教育・学生支援推進事業」就職支援推進プログラムの選定状況について」
文部科学省，2010b，「平成22年度「大学生の就業力育成支援事業」の選定状況について」
文部科学省，2012，「平成24年度「産業界のニーズに対応した教育改善・充実体制整備事業」の選定状況について」
文部科学省，2015，「平成26年度「産業界のニーズに対応した教育改善・充実体制整備事業【テーマB】インターンシップ等の取組拡大」の選定状況について」
文部科学省，2018，「平成30年度学校基本調査」．
文部科学省，2019，「令和元年度学校基本調査」．
文部科学省，2020，「大学等卒業者及び高校卒業者の就職状況調査」
日本学生支援機構，2020，「大学等における学生支援の取組状況に関する調査（令和元年度）」
寺田盛紀，2014，『キャリア教育論─若者のキャリアと職業観の形成』学文社．

【注】

i 「在り方答申」では、高等教育以外にも、各学校段階におけるキャリア教育の推進のポイントとして、「幼児期：自発的・主体的な活動を促す」「小学校：社会性、自主性・自立性、関心・意欲等を養う」「中学校：自らの役割や将来の生き方・働き方等を考えさせ、目標を立てて計画的に取り組む態度を育成し、進路の選択・決定に導く」「後期中等教育：生涯にわたる多様なキャリア形成に共通して必要な能力や態度を育成し、これを通じて勤労観・職業観等の価値観を自ら形成・確立する」「特別支援教育：個々の障害の状態に応じたきめ細かい指導・支援の下で行う」ことが明示されている。

ii 平成21（2009）年４月に発表された「学校卒業者の採用内定取り消し状況」によると、全国のハローワークに通知された新規学卒者の採用内定取消数は2,000名以上に及んだ。

iii「令和元年度学校基本調査」では、「一時的な仕事に就いた者、進学も就職もしていない者」について図に含まれていないため、「平成30年度学校基本調査」の結果を本章では用いている。

iv フリーターが約200万人、若年失業者・無業者が約100万人と増加している現状を踏まえ、「当面３年間で、人材対策の強化を通じ、若年者の働く意欲を喚起しつつ、全てのやる気のある若年者の職業的自立を促進し、もって若年失業者等の増加傾向を転換させる」ことを目標とした。

v「新成長戦略実現に向けた３段構えの経済対策」をふまえ、文部科学省以外にも「卒後３年以内の既卒者を採用する企業やトライアル雇用を行う企業への奨励金（厚生労働省）」「雇用意欲の高い中小企業と新卒者等のミスマッチ解消に向けた取組の強化（経済産業省）」などが推し進められた。平成23（2011）年には、「卒業前最後の集中支援」の実施が文部科学省・厚生労働省・経済産業省の連携により行われ、１人でも多くの学生が卒業までに就職できるよう、大学に対しても未内定者への支援の強化を要請している。

vi 平成27年度調査以降は開設単位や対象年次についても尋ねる方式に変更したため、未開設状況（「開設していない」の回答率）で示すこととした。

vii 令和元年度の調査では、その開設単位については「学部あるいは学科単位で開設している」よりも「全学で開設している」と回答した割合がいずれの学校種でも多く、大学41.9%、短期大学53.7%、高等専門学校29.8%に及んでいた。

viii 望月（2010）は、文部科学省や日本学生支援機構による調査に基づき、2000年代の大学等のキャリア教育の課題として「学内組織間の連携」「（正課としての）キャリア教育の内容・水準の見直し」「公立校、特に公立大学・公立短期大学の取り組みの遅れ」「個々の大学等における支援の検証」を指摘している。

ix 熱心に取り組んでいるがゆえの「課題」なのか、取り組みが進展しない理由としての「課題」なのかは、この結果だけから判断することは難しい。

x 日本学生支援機構（2020）によれば、「卒業年次の学生全員に対する、進路等を把握するための現況調査」は、大学や短期大学では、平成22年度の調査ですでに約９割の実施率であり、以降も高い実施率のまま推移していることから、すでに一般化していると考えられる。同様に「卒業生の現況調査」も、大学や短期大学では実施率が年々上昇していることが示されている。

第9章

進路指導・キャリア教育に関わる基礎理論

個人の進路選択の規定要因には、「内的な要因」と「外的な要因」が存在する。

本章では、進路指導・キャリア教育について多様な観点から捉えるために、「個人」「学校」「社会」といったレベルで、それぞれの要因に関連するような理論を紹介していく。

Ⅰ 「内的な心理的要因」に関わる理論

進路指導には、「教育的機能」と「社会的機能」がある（詳細は、第２章を参照のこと)。進路指導の「教育的機能」に着目してきたのは、主に心理学の領域である。進路指導を「生徒の進路選択・決定に対する意図的な教育的活動」とみなし、「個人」の進路選択を規定する興味や能力・価値観などの「内的な心理的要因」にかかわる理論に基づいて、キャリア教育にも基礎的な知見を提供するなど、その実践に対して直接的に関わっている。

以下にて、進路指導やキャリア教育の歴史的変遷などを振り返りながら、個人の進路選択を規定する「内的な心理的要因」にかかわる理論として、「職業選択理論」「キャリア発達理論（職業発達理論)」「キャリア構築理論」を取り上げていく。

(1) 職業選択理論

戦前の進路指導に多大な影響を与えていたのは、職業指導の創始者の一人とされるパーソンズ（Parsons, F.）により提唱された特性[i]・因子理論である（Parsons 1909などを参照のこと)。人々の特性を正確に測定することで、その人らしさ（一貫性）と他の人との違い（多様性）についての情報を得ることができると考える。「個人のもつ個性と職業の特徴（その職業に求められる資質など）が適合することが、より賢明な職業選択に必要である」といった適材適所に人と職業とを結びつける理論である。特性を測定・把握するツールとして心理検査や知能検査が開発され、職業情報の収集、指示的カウンセリングの理論化などにより、学校や関係機関での進路指導やキャリア教育を行う上で有力な理論となっている。

ホランド（Holland, J. L.）は、人格心理学におけるタイプ理論を応用した職業選択理論を提唱している（Holland 1997などを参照のこと)。個人の興味は生得的気質と生活環境に規定され、６つのパーソナリティタイプ（現実的（Realistic）・研究的（Investigative）・芸術的（Artistic）・社会的（Social）・

図9-1　ホランドの六角形

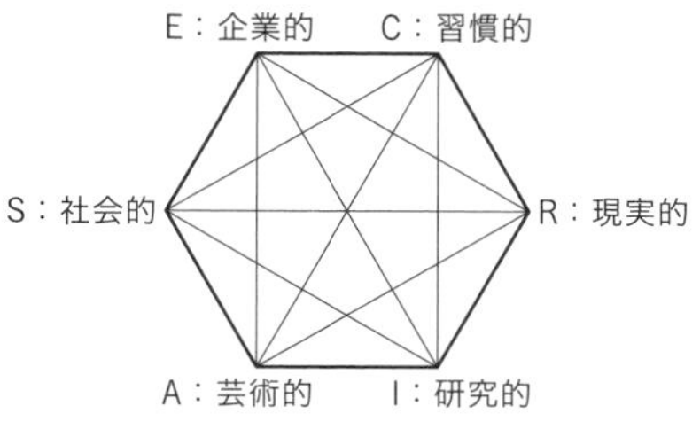

企業的（Enterprising）・慣習的（Conventional））として表現できるとし、職業環境も同様の６つのタイプで表現できると考える。６つのタイプは左図のように六角形で表されるため、「ホランドの六角形」と呼ばれている（**図9-1**）。各タイプの間には一定の関係性があり、距離が近いタイプは類似性が高く、もっとも長い対角線で結ばれるタイプは正反対の特徴をもつ。

また、人々は自分のもつ技能や能力が生かされ、態度や価値観を表現でき、納得できる役割や課題を引き受けさせてくれる環境を求めることや、人々の行動はパーソナリティと環境との相互作用により決定されることも仮説的に挙げられている。換言すれば、人と職業環境のタイプが一致あるいは隣接している場合は満足・充実・貢献につながり、職業や職場への不適応が生じる原因は人と職業環境のタイプの不適切さにあると考える。ホランドによって開発されたVPI（Vocational Preference Inventory）は、アメリカの大学等においてキャリア・ガイダンス用の検査として広く利用されており、第３章で紹介したVPI職業興味検査の原版でもある。

この理論に対しては、人間と職業の関連性を固定的（一時的）にとらえており、心理的・価値的・発達的要因を軽視しているといった課題や批判もある。しかし個人と職業の適合という観点は、現在の進路指導やキャリア教育の基本的な考えであることに変わりない。ただし実践にあたっては、特性そのものやアセスメントの結果を絶対的・固定的に考えてしまうことや、特性による個人差の良し悪し（上下の評価）でみてしまうことには留意が必要である。

⑵　キャリア発達理論（職業発達理論）

日本の戦前の職業指導は、変貌する社会を背景に、特性・因子理論のような一時点での適合に着目して行われていた。しかし先に示したような課題や批判を受け、戦後の進路指導においては、キャリア発達理論（ある職業などの選択にたどり着くまでのプロセス）へのパラダイム転換がなされた。

この理論は、ギンズバーグ（Ginzberg, E.）やスーパー（Super, D. E.）によって提唱され、選択に直面した一時点の現象にのみ着目するのではなく、長期的かつ連続的な発達過程として自己概念の形成過程を重視し、生涯にわたる人間の職業的行動を説明しようとするものである（Ginzberg et al. 1951やSuper 1957, 1980などを参照のこと）。

スーパーは、キャリアを「生涯において個人が果たす一連の役割（ライフ・ロール）、およびその役割の組み合わせ」と定義し、キャリアとは生涯に渡り繋がっていくものであり、「通ってきた道筋に残るもの、積み重なってきたもの」という意味合いとして、生涯キャリア発達理論を提唱している。この理論では、職業は人生におけるさまざまな役割の一つであり、人は複数の役割を同時に担いながら、その役割間のマネジメントを行うことが求められていると考

図9-2　ライフキャリア・レインボー（文部科学省 2011a, 2011b, 2012）

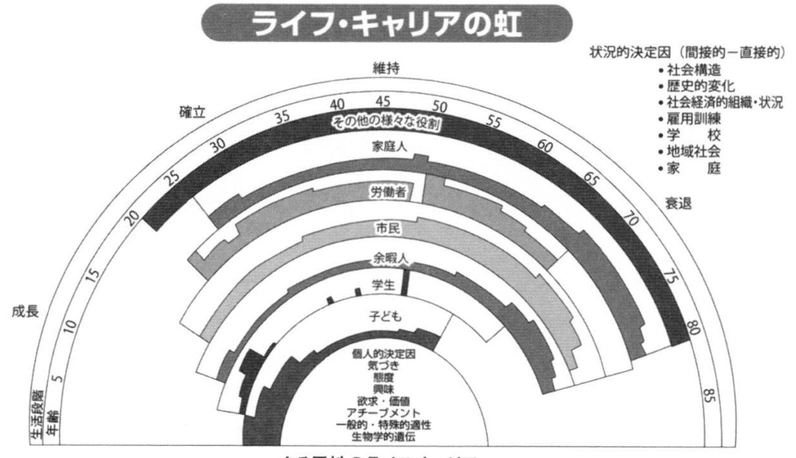

ーある男性のライフ・キャリアー

「22歳で大学を卒業し,すぐに就職。26歳で結婚して,27歳で1児の父親となる。47歳の時に1年間社外研修。57歳で両親を失い,67歳で退職。78歳の時妻を失い81歳で生涯を終えた。」　D.E.スーパーはこのようなライフ・キャリアを概念図化した。

出典　文部省「中学校・高等学校進路指導資料第1分冊」（平成4年）

える。そして、どの役割に重点を置くのかを主体的に選択し、変化させながら生きていくことを求めている。

この概念を虹にたとえて表したものが、**図9-2**の「ライフキャリア・レインボー」である[ii]。

さらにスーパーは、ギンズバーグの発達段階を拡充し、人間の発達という大きな流れのなかで「成長」「探索」「確立」「維持」「離脱」といった段階（ライフ・ステージ）を打ち出し、各段階の課題を「キャリア発達課題」として整理している（**表9-1**参照）。

「キャリアは“点”ではなく“線”として生涯にわたり連なっていくプロセス」

表9-1　スーパーによるキャリア発達段階（若松 2010）

段階名称	各期と該当年齢	各時期の概要
成長段階	空想期（4歳～10歳）	欲求が支配的で、空想の中の役割実演が重要。
	興味期（11～12）	「好き」ということが志望や活動の主な要因となる。
	能力期（13～14）	能力に対する自覚が高まり、志望の要因に占めるそのウエイトが高まる。
探索段階	暫定期（15～17）	雇用機会も含めてすべてのことが考慮され、暫定的な選択が空想、議論、教育課程、仕事などの中で試みられる。
	移行期（18～21）	実際の労働市場や専門的訓練に入るなかで、現実面がより大きく考慮されるようになり、自己概念の実現が試みられる。
	試行期（22～24）	自分が適するであろうという分野をつきとめ、その分野の入門的職務を発見し、それをライフワークにすることを試みる。
確立段階	本格的試行期（25～30）	適すると思っていた仕事の分野に満足感を見いだせず、1、2回の転職の後にライフワークを見つけたり、あるいは互いに関連の無い仕事の連続の中に自分のライフワークに相当することを見いだしたりする。
	安定期（31～44）	自分のキャリアがはっきりしてくると、その仕事の世界で安定して地位を確保しようとする努力が行われる。
維持段階	（45～64）	仕事の世界で得られた地位を維持していくことが関心事。新たな分野の開拓は滅多になされず、確立された線に沿った維持が中心となる。
離脱段階	減速期（65～70）	衰退した能力に合わせて仕事のペースをゆるめたり、職務や仕事の性質が変えられたりする。
	引退期（71～）	仕事を完全にやめる時期。

とみなすライフキャリアの視点は、近年、ワーク・ライフ・バランスの観点に重きを置く「働き方改革」の中でも注目されており、学校におけるキャリア教育においても重視されている。

⑶　キャリア構築理論

キャリア発達理論は、20世紀半ばに職業選択理論を批判する形で登場したが、20世紀から21世紀には、スーパーの弟子であったサビカス（Savickas, M. L.）らによるキャリア構築理論が登場した（Savickas 2002などを参照のこと）。これは発達的観点をより強調するものであり、キャリアは一人一人が自ら「作り上げる」ものであると考え、過去から現在の経験に対する「意味づけ」に着目し、それをふまえて、将来のキャリアに自分らしい意味を見いだす一連の過程としてキャリアを捉えている。この理論では「選択する」「決定する」ことだけでなく、むしろ「構築する」「作り上げる」「育てる」といった視点を重視することに特徴がある。

サビカスは、個人が直面した課題や転機（トランジション）での語りを「キャリアストーリー」と呼び、その後の行動に意味や方向性を与えるものとして、個人が自身のキャリアを構築する（作り上げる）上で重要なものと考える。

コクラン（Cochran, L.）も個人の自身のキャリアに対する「語り」を重視する考えを示しており、進路選択・決定の障害は「語り」のプロットの組み立て方によるものであって、このプロットの変化が解釈と行動の基礎を変化させ、新しい意味を生きることを可能にすると論じている（Cochran 1997などを参照のこと）。さらに、将来を生き抜いていくための意味ある将来の語りを共同構築できるような「他者」の存在の重要性も指摘している。

「語り」により自身のキャリアストーリーを構築するような機会は、キャリア・カウンセリングや「２分の１成人式」「なりたい自分」といったキャリア教育の活動実践だけでなく、学級担任による進路相談、卒業後の進路選択・決定などの機会でも、生徒の将来のキャリアを意味づける上で、大きな役割を果たしうる。また新学習指導要領で推進されている「キャリア・パスポート」は、生徒のキャリアストーリーを作り、記録し、蓄積していくツールとしても期待されている（詳細は、第6章を参照のこと）。生徒が卒業後にも主体的な進路選択をできるようにするためにも、今後、キャリア構築理論を取り入れた進路指導・キャリア教育への期待は高まっている。

これらの理論の他にも、バンデューラ（Bandura, A.）による自己効力[iii]理論や、クルンボルツ（Krumboltz, J. D.）による計画的偶発性理論（Planned Happenstance Theory）[iv]などは、今後期待されている進路指導・キャリア教育を進める際に大いに参考になるだろう（Bandura 1986やKrumboltz et al. 2004などを参照のこと）。

2 「外的な現実的・環境的要因」に関わる理論

志水（2003）は、「学校で起こる問題の原因と対処策を、子ども一人ひとり、あるいは教師個人個人の『心の問題』に還元すること」を「学校教育の心理主義化」と称し、こうした学校教育における心理学的説明の偏重により、「学校というものが持つ制度的・組織的・文化的特徴への目配りがおろそかになり、生じている問題の本質を見誤ることになりがちである」と指摘している。

これまでの章でも示してきたように、現代の日本社会において、学校の進路指導は単に教育的意味を持つに留まらず、将来の社会・経済的な地位の決定や人材の配分にも意味を持つ。こうした社会的機能や配分的機能に着目してきたのは、主に社会学、特に教育社会学の領域である。学校教育が果たす社会化、選抜・配分の機能や、学校内外における分化機能に着目して、「生徒の進路形成に対する潜在的な働きかけ・作用」を含めた極めて広い範囲で進路指導を捉えている。

以下では、「外的な現実的・環境的要因」として「学校」に着目し、その分化機能を「外在的（制度的）」「内在的（組織的）」に区分しながら概観する。さらに、それぞれの区分で、日本の学校における進路指導や生徒の進路選択に関わる主な先行研究の知見も紹介していく。

(1) 学校の外在的な機能（制度的分化機能）

教育社会学においては、高等学校の制度的構造が有する選抜機能に着目し、現代社会における学校を、人々を異なる社会的地位に向けて選抜・配分する社会的選抜装置としてみなしてきた[v]。例えば藤田（1980）は、「学力別・課程別トラッキング」という概念を用いて、法制的に生徒の進路を限定するということはないにしても、実質的にはどのコース（学校）に入るかによって、その後の進路選択の機会と範囲が限定されることを示し、進路選択が階層的な秩序を前提とした不平等な選抜と配分のメカニズムによって規定されていることを明らかにしている。

こうしたトラッキング機能は、それぞれのトラックにふさわしいパーソナリティや価値観を内面化させる社会化機能（予期的社会化[vi]）を担い、高等学校に入学する以前より進行する、より潜在的で重要なメカニズムである。これは、マイヤー（Meyer, J. W.）のいうところの「チャーター[vii]」の内面化にほかならない。

吉本（1984）は、日本の高等学校の階層構造が、①入学者の配分基準の要素（「学力による輪切り」進学）、②家庭背景の要素、③カリキュラム・トラッキングの要素といった３つの側面でのトラッキングであり、それらの相乗的な「効果」によって、特定の学力的資質・家庭背景の生徒が学校の階層的地位に応じて一定の進路アスピレーションとそれに必要とされる学力とを獲得することを指摘している。

以上のように、学校の外在的な機能に着目した理論は、「偉大な平等化の装置」と期待されてきた学校が、実際には階層の継承を正当化し「不平等の再生産装置」でもあることを明らかにするなど、懐疑的学校観を生み出した。

しかしこの理論では、学校と社会を媒介する学校の内部過程については「ブラック・ボックス」とみなしており、学校教育過程そのものを対象化せず不問に付してきたと批判されている。

(2) 学校の内在的な機能（組織的分化機能）

こうした批判を受け、学校組織の内部過程のメカニズムを明らかにするために、学校格差（制度的レベル）から学校内での学習活動の組織（組織的レベル）へとアプローチをかえた研究が蓄積され、日本の学校、特に高等学校は二重のトラッキング・システムとして認知されるようになった。

耳塚（1982）は、進路指導を含む学校組織による校内選抜過程において、学校の行う生徒の学習や行動の組織化（学業的分離化）は独自の教育効果を生み出しうることを明らかにした[viii]。さらに耳塚（1990）は、習熟度別学級編成、とりわけ、学級単位で習熟度別に生徒を分化するバンディングは、学校内部トラックとして機能する可能性が強いと指摘している。

菊地（1986）は、トラッキングを「ある選抜基準に基づいて生徒集団を比較的永続的な同質集団へと再編成する実践形態である」とし、多様なトラッキングを**図9-3**のように整理している。

このように、学校階層や学業成績などに基づいて制度的・組織的に行われる働きかけが、生徒の進路選択に影響しうることが明らかにされてきたが、中西（1998）は、高等学校が性役割観に基づいて生徒の進路選択の機会と範囲を制約するトラッキング・システムを形成していることも明らかにしている。

図9-3　トラッキングの基本類型（菊地 1986）

編成基準＼意思決定の所在	外在的トラッキング	内在的トラッキング
学力別トラッキング	○普通高校の階層構造（日） ○普遍化段階の“普工商農格差”(日) ○三分岐システム（英）[1]	○ストリーミング（英）[2] ○習熟度別学級編成（日） ○能力別グルーピング（米）[3]
॥		
課程別トラッキング	○“普・職”間分化 ○多課程（学科）併置制（日・英）	○類型制（日） ○カリキュラム・グルーピング（米） ○総合制学校内教科選択制[4]

1）特にモダン・スクールとグラマー・スクール。　2）セッティングとバンディングを含む。
3）小学校の「読み方」の時間に多様される教室内グルーピングは、よりペダゴジカルであることに留意する必要がある。
4）スウェーデンなど多くの先進諸国。
॥は「単列化」を示す。

学校における進路指導やキャリア教育を考える上で、個人の心理的・内面的状態に重きをおくとともに、個人が学校という社会的・文化的環境の下で、具体的にどのような要因の影響を受けて発達していくのかといった観点にも目を向けておくことが望ましい。

3 学校のもつ社会的選抜機能に関わる理論

学校は、教育を担う機関であると同時に、職業や所得などの社会・経済的地位を左右しうる機能をもつ。学歴や学校歴により卒業後の地位に影響が及ぶ（学校教育を通じて、社会的選抜が行われている）という状況は、個人の側からみると、「在学中に、何らかの進路を選び取ること」を意味し、社会の側からみると「個人をある社会・経済的地位へ配分すること」を意味する。このように考えると、生徒の進路選択と学校の社会的選抜機能は「コインの両面」をなすものといえるだろう。

以下では、「なぜ、学校が社会的選抜の機能を担うのか」といった観点から、社会学や経済学の領域で提唱されてきた「技術機能主義」「シグナリング理論」「再生産論」を取り上げ、進路指導やキャリア教育との関連にも目を向けていく。

(1) 技術機能主義理論

機能主義[ix]理論に基づき、「学校教育が社会の中でいかなる機能を発揮しているか」について議論が重ねられてきた。

その代表的なものが、技術的機能主義理論である。コリンズ（Collins, R.）によれば、技術機能主義とは「近代社会では産業化に伴って技術革新や組織化が進み、学校教育は要求される知識や技術を学習者に身に付けさせることから、学歴などの教育達成が職業的選抜の指標として用いられるようになり、学校教育の拡大と修業年限の長期化が起きる（Collins 1979)」という理論である。近代社会における業績主義と学校教育を結びつける諸議論は、暗黙にこの理論を前提としている。

技術機能主義理論は、能力に見合う人材を探したり選抜するにあたって、学歴や成績が重要な手がかりになるという見方であり、学校で教えられた知識や技術が職務遂行能力と直接的に関連するとみなす。換言すれば、学校教育は職務遂行に必要な知識や技術を身に付けさせる機能をもつため、「学歴が高い人ほど高い水準の知識や技術を習得しており、その結果として高い地位や報酬を得ることができる」と考える。すなわち「高い地位や報酬を得るためには、高い学歴を獲得する必要がある」といった考えであり、日本型学歴社会の特徴でもある。

ただしこの理論では、高い学歴を獲得するために同じ条件で競争していることが（表面上は）自明視されており、努力によって高い学歴を獲得できるとしている。学歴を取得するに至っては、生まれながらのさまざまな環境や条件の不平等が存在しうる点や、取得した学歴と個人のもつ（真の）実力は乖離しうるといった点で、技術機能主義は批判を受けている。

この理論から学校における進路指導やキャリア教育に目を向けると、「いかにして職務遂行能力につながる個人の能力や適性を正確に見出し、生徒に理解させるのか」といった点が重要となる。

⑵ シグナリング理論

経済の発展に対する学校教育の貢献に懐疑が広がる中で、スペンス（Spence, A. M）による「学校は人々を潜在能力に基づいて選別しているに過ぎない（Spence 1974)」とするシグナリング理論が着目されるようになった。

換言すれば、「学歴は学校教育によって能力が高められた結果ではなく、個人がもつ（潜在的な）能力に関する情報を社会に示すシグナル」とみなす理論である。したがって、職務遂行に必要な知識の獲得や技術の向上に学校教育が貢献しなかったとしても、高い学歴自体が肯定的に評価され、高い地位や報酬の獲得に値すると考える。高い学歴をもつ人は「入学試験などの知的能力があり、努力や忍耐力を有する」と想定されるため、職業の採用・選抜の際にも職務遂行能力や将来的な訓練可能性の「代理指標」として学歴は重視されるという見方をするのである。

この理論から学校における進路指導やキャリア教育に目を向けると、「生徒を上級学校や入学難易度が高い学校へ進学させることや、（直接的な職業遂行能力とは別に）生徒の訓練可能性や一般的な能力を見出すこと」が重要となる。

(3) 再生産論

「偉大な平等化の装置」であるはずの学校が、実際には階層の継承を正当化した「不平等の再生産装置」でもあることが明らかになるにつれ、懐疑的学校観が広がっていった。

こうした状況の下、シグナリング理論と同様に、技術機能主義理論に対する批判を込めて、「資本主義社会の存続・維持に影響するような階級・階層構造の再生産に対して、学校がいかなる役割を果たしうるのか」を論じるような再生産論が着目されるようになった。この理論では、学校は「職業に役立つ知識や技術を教える場」というよりも、「人種・民族・宗派などに代表されるそれぞれの身分集団の文化やパーソナリティ特性を伝達する場」であり、結果として、学校は既存の階層的な序列を再生産する機能を果たしていると考える。

例えばボールズとギンタス（Bowles & Gintis）は、教育の社会的関係が生産の社会的関係と構造的に対応しているという「対応原理（対応理論）」を主張し、学校は生徒を職場の規律に慣れるようにするだけでなく、職場適性の重要な要因となるような行動様式、自己表現、社会階級意識等を強化すると指摘している（Bowles and Gintis 1976）。

この理論から学校における進路指導やキャリア教育に目を向けると、「生徒の階層的秩序の再生産をいかに円滑に進めるか」といった点が重要となる。

進路選択の規定要因には、「内的な心理的要因」と「外的な現実的・環境的要因」が存在する。にもかかわらず、個人の心理的・内面的状態に重点が置かれ、個人が社会的・文化的環境の下で、具体的にどのような外的諸要因の影響を受けて発達していくのかといった社会学的な視点は軽視されているように思われる。心理的要因の“準備状態（readiness）”も、それまでの環境や教育の所産だと考えれば、現実的・環境的要因は重要な役割を果たしている。

こうした点をふまえ、進路指導やキャリア教育のあり方を考える際には、進路選択は個人の自由意思のみに基づいてなしうるものではなく、教育・雇用システムなど客観的構造の特質にも規定されるものであり、「個人」「学校」「社会」といった多様な観点から理論を学ぶことが重要である。

またいずれの理論でも共通して、「学校という場が、大人になるための準備期間であり、その期間を通して何らかの職業的な地位が選び取られていく」ことを認めている。「大人になる通過点としての学校」という位置づけは、現代社会においてますます強まっていることも忘れてはならない。

❶職業選択理論を進路指導の実践にいかす場合、どのような留意点があると思いますか。なぜ、そのように思うのですか。

❷キャリア構築理論を進路相談（キャリア・カウンセリング）の実践にいかす場合、どのような留意点があると思いますか。なぜ、そのように思うのですか。

❸「進路指導」や「キャリア教育」として意図的に行われる教育活動以外にも、あなたの進路選択やキャリア形成に影響を及ぼしたと思う「外的な現実的・環境的要因」はありますか。なぜ、そのように思うのですか。

【参考・引用文献】

Bandura, A, 1986, *Social foundations of thought and action: A social cognitive theory*. Endlewood Cliffs, NJ : Prentice Hall.

Bowles, S. and Gintis, H., 1976, *Schooling in Capilalist America*, London and Henley（＝1986, 1987, 宇沢弘文訳『アメリカ資本主義と学校教育（Ⅰ, Ⅱ）』岩波書店）.

Cochran, L., 1997, *Career Counseling: A Narrative approach*. London, Sage.

Collins, R. 1979, *The Credential Society: An Historical Sociology of Education and Stratification*, New York: Academic Press（＝1984，新堀通也監訳『資格社会─教育と階層の歴史社会学』有信堂高文社）.

藤田英典，1980,「進路選択のメカニズム」山村健・天野郁夫編『青年期の進路選択』有斐閣.

Ginzberg, E., Ginzberg, S. W., Axelrad, S. & Herma, J. L., 1951, *Occupational choice: An approach to a general theory*. New York: Columbia University Press.

Holland, J. L., 1997, *Making vocational choices*（*3rd ed.*）. Englewood Cliffs, NJ: Prentice Hall（＝2013，渡辺三枝子・松本純平・道谷里英訳『ホランドの職業選択理論』雇用問題研究会）.

菊地栄治，1986,「中等教育における『トラッキング』と生徒の分化過程─理論的検討と事例研究の展開─」『教育社会学研究』第41集，pp136-150.

Krumboltz, J. D. & Levin, A. S., 2004, *Luck is no accident: Making the most of happenstance in your life and career*. Impact Pub（＝2005，花田光世・大木紀子・宮地夕紀子訳『その幸運は偶然ではないんです！』ダイヤモンド社.

Meyer, J. W., 1970, The Charter : Conditions of Diffuse Socialization in Schools, in Scott, W. R.（eds.）, *Social Processes and Structures*, Holt, Rinehart and Winston.

耳塚寛明，1982,「学校組織と生徒文化・進路形成」『教育社会学研究』第37集，pp34-46.

耳塚寛明，1990,「学習活動の組織と機能」黒羽亮一・牟田博光編『教育内容・方法の革新』教育開発研究所，pp131-156.

文部科学省，2011a,『小学校キャリア教育の手引き』教育出版.

文部科学省，2011b,『中学校キャリア教育の手引き』教育出版.

文部科学省，2012,『高等学校キャリア教育の手引き』教育出版.

中西祐子，1998,『ジェンダー・トラック─青年期女性の進路形成と教育組織の社会学』東洋館出版社.

Parsons, F., 1909, *Choosing a Vocation*. Boston: Houghton Mifflin.

Savickas, M. L., 2002, *Career Construction; A Development Theory of Vocational Behavior*, In D. Brown & Associates Eds., *Career Choice and Development*, Jossey-Bass Publishers.

志水宏吉，2003,「学校臨床社会学とは何か」苅谷剛彦・志水宏吉編『学校臨床社会学─「教育問題」をどう考えるか─』放送大学教育振興会.

Spence, A. M., 1974, *Market Signaling : Informational Transfer in Hiring and Related Screening Processes*, Cambridge : Harvard University Press.

Super, D. E., 1957, *The psychology of careers*. New York : Harper & Row. 日本職

業指導学会訳 1960, 『職業生活の心理学』誠信書房.
Super, D. E., 1980, A life-span, life-space approach to carrer development. *Journal of vocational Behavior*, 16, pp282-298.
竹内洋, 1995, 「学校効果というトートロジー」竹内洋・徳岡秀雄編『教育現象の社会学』世界思想社.
若松養亮, 2010, 「キャリア教育の理論的及び歴史的背景」渡辺三枝子・鹿嶋研之助・若松養亮著『学校教育とキャリア教育の創造』学文社.
保田卓, 2012, 「学説史;機能主義」酒井朗・多賀太・中村高康編著『よくわかる教育社会学』ミネルヴァ書房.
吉本圭一, 1984, 「高等教育の階層構造と進路分化」『教育社会学研究』第39集, pp172-186.

【注】

i 特性（trait）とは、場面や状況が変わったとしても、特定の個人が示す行動には「その人らしい」特徴がある。このような、人々が持つ「状況を通じて一貫した」特徴のことである。適性、能力、興味などが含まれる。

ii スーパーが理論を発表した1950〜60年代に比べ、社会環境や職業選択を行う際の状況は大きく変化しており、現代はより多様なラインが描かれる。

iii 「結果予期＋効力予期」と考えられるもので、課題を自分の力で効果的に処理・達成できるかどうかの信念。自己調整学習の観点からも着目されている（第３章「コラム」を参照のこと）。

iv それまでキャリア理論の主流であった「自分に適した職業を見つけ、目的を定めてその実現に向けて計画的にキャリア形成する合理的意思決定モデル」に対し、「偶然の出来事（困難、成功、出会いなど予期せぬさまざまな経験）が人のキャリアに大きな影響を及ぼす」と考える理論。偶然の出来事を避けるのではなく、起きたことを最大限に活用する（偶然の出来事を積極的に作り出す）ことを評価し、偶然の出来事をいかすスキルとして、「好奇心・持続性・柔軟性・楽観性・冒険心」を挙げている。

v 「出身階層」「学校階層」「高等教育への進学機会」の関連を示すことにより、個々の高等学校の教育的アウトプットが学校階層上の地位によりほぼ規定されることを意味している。

vi 個人が将来的に所属すると見越した集団の価値や規範、付与されたり獲得することが予想される地位や役割に関する知識や態度、技能などを学習すること（内面化すること）。

vii Meyer（1970）は、「近代社会における学校教育は、高度に発達した「制度」であるため、学校の有効性はそのチャーター（産出物についての社会的に合意された定義）に左右される」とし、学校の「制度的環境」の側面に着目した。チャーター理論は学校効果を生徒の資質という「過去」でも、学校内部過程という「現在」でもなく、卒業生の社会のなかでの処遇という「未来」で説明するものであり、学校の最大の隠れたカリキュラムである（竹内 1995）。

viii 具体的には、「類似した学力・地域社会的背景の生徒でもどのような高校に入学し教育を受けるかによって進路志望さらには実際のライフチャンスまでもが異なる可能性があること」「明確な進路展望を持たずに高校に入学した者も高校内部の社会化メカニズムによって徐々にトラックにふさわしい進路展望を形成するようになること」が明らかにされている。

ix「機能主義」の名は、ある社会現象が何程か広範かつ継続的に観察されるとき、その現象が社会に対して何らかの機能（はたらき）を果たしている、と考えることに由来する。（保田 2012）

資料編

進路指導・キャリア教育に関連する法規等

資　料

ここでは、本書の内容と関連する部分を中心に抜粋した。

1　教育基本法

2006（平成18）年12月22日

第一条　教育は、人格の完成を目指し、平和で民主的な国家及び社会の形成者として必要な資質を備えた心身ともに健康な国民の育成を期して行われなければならない。

第二条　教育は、その目的を実現するため、学問の自由を尊重しつつ、次に掲げる目標を達成するよう行われるものとする。

一　幅広い知識と教養を身に付け、真理を求める態度を養い、豊かな情操と道徳心を培うとともに、健やかな身体を養うこと。

二　個人の価値を尊重して、その能力を伸ばし、創造性を培い、自主及び自律の精神を養うとともに、職業及び生活との関連を重視し、勤労を重んずる態度を養うこと。

三　正義と責任、男女の平等、自他の敬愛と協力を重んずるとともに、公共の精神に基づき、主体的に社会の形成に参画し、その発展に寄与する態度を養うこと。

四　生命を尊び、自然を大切にし、環境の保全に寄与する態度を養うこと。

五　伝統と文化を尊重し、それらをはぐくんできた我が国と郷土を愛するとともに、他国を尊重し、国際社会の平和と発展に寄与する態度を養うこと。

第五条　国民は、その保護する子に、別に法律で定めるところにより、普通教育を受けさせる義務を負う。

2　義務教育として行われる普通教育は、各個人の有する能力を伸ばしつつ社会において自立的に生きる基礎を培い、また、国家及び社会の形成者として必要とされる基本的な資質を養うことを目的として行われるものとする。

2　学校教育法

1947（昭和22）年３月31日

2019（令和元）年６月26日一部改正

第二十一条　義務教育として行われる普通教育は、教育基本法（平成十八年法律第百二十号）第五条第二項に規定する目的を実現するため、次に掲げる目標を達成するよう行われるものとする。

十　職業についての基礎的な知識と技能、勤労を重んずる態度及び個性に応じて将来の進路を選択する能力を養うこと。

第五十一条　高等学校における教育は、前条に規定する目的を実現するため、次に掲げる目標を達成するよう行われるものとする。

二　社会において果たさなければならない使命の自覚に基づき、個性に応じて将来の進路を決定させ、一般的な教養を高め、専門的な知識、技術及び技能を習得させること。

(学校教育法施行規則［抄］)

第71条　中学校には、進路指導主事を置くものとする。

２　前項の規定にかかわらず、第三項に規定する進路指導主事の担当する校務を整理する主幹教諭を置くときは、進路指導主事を置かないことができる。

３　進路指導主事は、指導教諭又は教諭をもつて、これに充てる。校長の監督を受け、生徒の職業選択の指導その他の進路の指導に関する事項をつかさどり、当該事項について連絡調整及び指導、助言に当たる。

第104条　(中略) 第71条 (中略) の規定は、高等学校に準用する。

3　職業安定法

1947 (昭和22) 年11月30日
2020 (令和２) 年３月30日一部改正

(職業選択の自由)

第二条　何人も、公共の福祉に反しない限り、職業を自由に選択することができる。

第二十六条　公共職業安定所は、学校教育法 (昭和二十二年法律第二十六号) 第一条に規定する学校 (以下「学校」という。) の学生若しくは生徒又は学校を卒業し、又は退学した者 (政令で定める者を除く。以下「学生生徒等」という。) の職業紹介については、学校と協力して、学生生徒等に対し、雇用情報、職業に関する調査研究の成果等を提供し、職業指導を行い、及び公共職業安定所間の連絡により、学生生徒等に対して紹介することが適当と認められるできる限り多くの求人を開拓し、各学生生徒等の能力に適合した職業にあつせんするよう努めなければならない。

②　公共職業安定所は、学校が学生又は生徒に対して行う職業指導に協力しなければならない。

③　公共職業安定所は、学生生徒等に対する職業指導を効果的かつ効率的に行うことができるよう、学校その他の関係者と協力して、職業を体験する機会又は職業能力開発促進法 (昭和四十四年法律第六十四号) 第三十条の三に規定するキャリアコンサルタントによる相談の機会の付与その他の職業の選択についての学生又は生徒の関心と理解を深めるために必要な措置を講ずるものとする。

4　中央教育審議会「今後の学校におけるキャリア教育・職業教育の在り方について」（答申）［抄］

2011（平成23）年1月31日

第1章　キャリア教育・職業教育の課題と基本的方向性

1．キャリア教育・職業教育の内容と課題

(1)「キャリア教育」の内容と課題

○人は、他者や社会とのかかわりの中で、職業人、家庭人、地域社会の一員等、様々な役割を担いながら生きている。これらの役割は、生涯という時間的な流れの中で変化しつつ積み重なり、つながっていくものである。また、このような役割の中には、所属する集団や組織から与えられたものや日常生活の中で特に意識せず習慣的に行っているものもあるが、人はこれらを含めた様々な役割の関係や価値を自ら判断し、取捨選択や創造を重ねながら取り組んでいる。

○人は、このような自分の役割を果たして活動すること、つまり「働くこと」を通して、人や社会にかかわることになり、そのかかわり方の違いが「自分らしい生き方」となっていくものである。

○このように、人が、生涯の中で様々な役割を果たす過程で、自らの役割の価値や自分と役割との関係を見いだしていく連なりや積み重ねが、「キャリア」の意味するところである。このキャリアは、ある年齢に達すると自然に獲得されるものではなく、子ども・若者の発達の段階や発達課題の達成と深くかかわりながら段階を追って発達していくものである*[1]。また、その発達を促すには、外部からの組織的・体系的な働きかけが不可欠であり、学校教育では、社会人・職業人として自立していくために必要な基盤となる能力や態度を育成することを通じて、一人一人の発達を促していくことが必要である。（＊1　このような、社会の中で自分の役割を果たしながら、自分らしい生き方を実現していく過程を「キャリア発達」という。）

○このような、一人一人の社会的・職業的自立に向け、必要な基盤となる能力や態度を育てることを通して、キャリア発達を促す教育が「キャリア教育」である。それは、特定の活動や指導方法に限定されるものではなく、様々な教育活動を通して実践される。キャリア教育は、一人一人の発達や社会人・職業人としての自立を促す視点から、変化する社会と学校教育との関係性を特に意識しつつ、学校教育を構成していくための理念と方向性を示すものである。

　また、キャリア教育の実施に当たっては、社会や職業にかかわる様々な現場における体験的な学習活動の機会を設け、それらの体験を通して、子ども・若者に自己と社会の双方についての多様な気付きや発見を得させることが重要である。

○キャリア教育の必要性や意義の理解は、学校教育の中で高まってきており、実践の成果も徐々に上がっている。

　しかしながら、「新しい教育活動を指す

ものではない」としてきたことにより、従来の教育活動のままでよいと誤解されたり、「体験活動が重要」という側面のみをとらえて、職場体験活動の実施をもってキャリア教育を行ったものとみなしたりする傾向が指摘されるなど、一人一人の教員の受け止め方や実践の内容・水準に、ばらつきがあることも課題としてうかがえる。

○このような状況の背景には、キャリア教育のとらえ方が変化してきた経緯が十分に整理されてこなかったことも一因となっていると考えられる*[1]。このため、今後、上述のようなキャリア教育の本来の理念に立ち返った理解を共有していくことが重要である。（＊1　中央教育審議会「初等中等教育と高等教育との接続の改善について（答申）」（平成11年）では、キャリア教育を「望ましい職業観・勤労観及び職業に関する知識や技能を身に付けさせるとともに、自己の個性を理解し、主体的に進路を選択する能力・態度を育てる教育」であるとし、進路を選択することにより重点が置かれていると解釈された。また、キャリア教育の推進に関する総合的調査研究協力者会議報告書（平成16年）では、キャリア教育を「『キャリア』概念に基づき『児童生徒一人一人のキャリア発達を支援し、それぞれにふさわしいキャリアを形成していくために必要な意欲・態度や能力を育てる教育』」ととらえ、「端的には」という限定付きながら「勤労観、職業観を育てる教育」としたこともあり、勤労観・職業観の育成のみに焦点が絞られてしまい、現時点においては社会的・職業的自立のために必要な能力の育成がやや軽視されてしまっていることが課題として生じている。）

⑶キャリア教育と職業教育の関係

○キャリア教育と職業教育の内容を踏まえ、両者の関係を、育成する力と教育活動の観点から改めて整理すると、次のとおりである。

㈠育成する力

◆キャリア教育

一人一人の社会的・職業的自立に向け、必要な基盤となる能力や態度

◆職業教育

一定又は特定の職業に従事するために必要な知識、技能、能力や態度

㈡教育活動

◆キャリア教育

普通教育、専門教育を問わず様々な教育活動の中で実施される。職業教育も含まれる。

◆職業教育

具体の職業に関する教育を通して行われる。この教育は、社会的・職業的自立に向けて必要な基盤となる能力や態度を育成する上でも、極めて有効である。

２．キャリア教育・職業教育の基本的方向性

⑴幼児期の教育から高等教育に至るまでの体系的なキャリア教育の推進

○キャリア教育は、キャリアが子ども・若者の発達の段階やその発達課題の達成と深くかかわりながら段階を追って発達していくことを踏まえ、幼児期の教育から高等教

育に至るまで体系的に進めることが必要である。その中心として、後述する「基礎的・汎用的能力」を、子どもたちに確実に育成していくことが求められる。また、社会・職業との関連を重視し、実践的・体験的な活動を充実していくことが必要である。

○このようなキャリア教育の意義・効果として、次の３つが挙げられる。

・第一に、キャリア教育は、一人一人のキャリア発達や個人としての自立を促す視点から、学校教育を構成していくための理念と方向性を示すものである。各学校がこの視点に立って教育の在り方を幅広く見直すことにより、教職員に教育の理念と進むべき方向が共有されるとともに、教育課程の改善が促進される。

・第二に、キャリア教育は、将来、社会人・職業人として自立していくために発達させるべき能力や態度があるという前提に立って、各学校段階で取り組むべき発達課題を明らかにし、日々の教育活動を通して達成させることを目指すものである。このような視点に立って教育活動を展開することにより、学校教育が目指す全人的成長・発達を促すことができる。

・第三に、キャリア教育を実践し、学校生活と社会生活や職業生活を結び、関連付け、将来の夢と学業を結び付けることにより、生徒・学生等の学習意欲を喚起することの大切さが確認できる。このような取組を進めることを通じて、学校教育が抱える様々な課題への対処に活路を開くことにもつながるものと考えられる。

３．キャリア教育・職業教育の方向性を考える上での視点

⑴仕事をすることの意義と幅広い視点から職業の範囲を考えさせる指導

○「働くこと」とは、広くとらえれば、人が果たす多様な役割の中で、「自分の力を発揮して社会（あるいはそれを構成する個人や集団）に貢献すること」と考えることができる。それは、家庭生活の中での役割や、地域の中で市民として社会参加する役割等も含まれている。その中で、本審議会では、学校から社会・職業への移行の課題を踏まえ、特に職業生活において「仕事をすること」に焦点を当てた。

○日本国憲法では、すべて国民は勤労の権利を有し、義務を負うとされている。仕事をすることの意義は、例えば、やりがい、収入を得ること、社会での帰属感、自己の成長、社会貢献等様々なものが考えられ、個人によってどの部分を強調して考えるかは異なる。そこで重要なことは、個人と社会のバランスの上に成り立つものであるということである。

○仕事に就く場面を考える上では、どんなに計画を立てても必ずしもそのとおりに進むものでもないと考えることが必要である。また、仕事を選ぶ際、社会にある職業のすべてを知って選択することは不可能であるから、身近な仕事との出会いも重要になる。そのため、自らが行動して仕事と出会う機会を得ること、行動して思うように進まないときに修正・改善できることが重

要である。このような行動を支えるため、生涯にわたり自ら進んで学ぶことも極めて大切である。

○勤労観・職業観は、仕事をする上で様々な意思決定をする選択基準となるものである。この基準を持つことが重要であるが、それは固定化された価値観ではなく、自己の役割や生活空間、年齢等によって変化するものである。そのため、社会・職業に移行する前に、その価値観を形成する過程を経た上で、自ら進路を選択する経験をしておくことが望ましい。特に現在、仕事をすることは一つの企業等の中で単線的に進むものだけではなくなりつつあり、社会に出た後、生涯の中で必ず訪れる幾つかの転機に対処するためにも、また自ら積極的に選択して進むべき道を変更するためにも、このような価値観を形成する過程を経験しておくことが必要である。

○職業は、個人の目的は様々であるが、社会から見れば社会にある仕事を分業することである。これまではその多くが企業、官公庁等の場を中心とした職業や自営業主として働くことを想定していた。しかし、現在では、非営利活動等も出てきており、このような活動が社会の中で重要な役割を担っている。学校から社会・職業への移行に課題がある状況を踏まえれば、職業の範囲は、幅広い視点から考えさせるような指導が必要である。その際には、後に述べるような、キャリア教育に関する学習活動の過程・成果に関する情報を収集した学習ポートフォリオの活用が効果的であると考えられる。

⑵社会的・職業的自立、学校から社会・職業への円滑な移行に必要な力の明確化

③基礎的・汎用的能力の内容

○基礎的・汎用的能力の具体的内容*[1]については、「仕事に就くこと」に焦点を当て、実際の行動として表れるという観点から、「人間関係形成・社会形成能力」「自己理解・自己管理能力」「課題対応能力」「キャリアプランニング能力」の４つの能力に整理した。（＊1　基礎的・汎用的能力の具体的内容である４つの能力は、前述①のとおり、各界から提示されている様々な力を参考としつつ、特に国立教育政策研究所による「キャリア発達にかかわる諸能力（例）」を基に、「仕事に就くこと」に焦点をあて整理を行ったものである。）

○これらの能力は、包括的な能力概念であり、必要な要素をできる限り分かりやすく提示するという観点でまとめたものである。この４つの能力は、それぞれが独立したものではなく、相互に関連・依存した関係にある。このため、特に順序があるものではなく、また、これらの能力をすべての者が同じ程度あるいは均一に身に付けることを求めるものではない。

○これらの能力をどのようなまとまりで、どの程度身に付けさせるかは、学校や地域の特色、専攻分野の特性や子ども・若者の発達の段階によって異なると考えられる。各学校においては、この４つの能力を参考にしつつ、それぞれの課題を踏まえて具体の能力を設定し、工夫された教育を通じて

達成することが望まれる。その際、初等中等教育の学校では、新しい学習指導要領を踏まえて育成されるべきである。

㈠人間関係形成・社会形成能力

○「人間関係形成・社会形成能力」は、多様な他者の考えや立場を理解し、相手の意見を聴いて自分の考えを正確に伝えることができるとともに、自分の置かれている状況を受け止め、役割を果たしつつ他者と協力・協働して社会に参画し、今後の社会を積極的に形成することができる力である。

○この能力は、社会とのかかわりの中で生活し仕事をしていく上で、基礎となる能力である。特に、価値の多様化が進む現代社会においては、性別、年齢、個性、価値観等の多様な人材が活躍しており、様々な他者を認めつつ協働していく力が必要である。また、変化の激しい今日においては、既存の社会に参画し、適応しつつ、必要であれば自ら新たな社会を創造・構築していくことが必要である。さらに、人や社会とのかかわりは、自分に必要な知識や技能、能力、態度を気付かせてくれるものでもあり、自らを育成する上でも影響を与えるものである。具体的な要素としては、例えば、他者の個性を理解する力、他者に働きかける力、コミュニケーション・スキル、チームワーク、リーダーシップ等が挙げられる。

㈡自己理解・自己管理能力

○「自己理解・自己管理能力」は、自分が「できること」「意義を感じること」「したいこと」について、社会との相互関係を保ちつつ、今後の自分自身の可能性を含めた肯定的な理解に基づき主体的に行動すると同時に、自らの思考や感情を律し、かつ、今後の成長のために進んで学ぼうとする力である。

○この能力は、子どもや若者の自信や自己肯定観の低さが指摘される中、「やればできる」と考えて行動できる力である。また、変化の激しい社会にあって多様な他者との協力や協働が求められている中では、自らの思考や感情を律する力や自らを研さんする力がますます重要である。 これらは、キャリア形成や人間関係形成における基盤となるものであり、とりわけ自己理解能力は、生涯にわたり多様なキャリアを形成する過程で常に深めていく必要がある。具体的な要素としては、例えば、自己の役割の理解、前向きに考える力、自己の動機付け、忍耐力、ストレスマネジメント、主体的行動等が挙げられる。

㈢課題対応能力

○「課題対応能力」は、仕事をする上での様々な課題を発見・分析し、適切な計画を立ててその課題を処理し、解決することができる力である。

○この能力は、自らが行うべきことに意欲的に取り組む上で必要なものである。また、知識基盤社会の到来やグローバル化等を踏まえ、従来の考え方や方法にとらわれずに物事を前に進めていくために必要な力である。さらに、社会の情報化に伴い、情報及び情報手段を主体的に選択し活用する力*1を身に付けることも重要である。具体的な要素としては、情報の理解・選択・

処理等、本質の理解、原因の追究、課題発見、計画立案、実行力、評価・改善等が挙げられる。(＊1　地域格差や教育格差を生じさせることなく身に付けさせるためには、教材の充実や教職員の量・質の向上、このための研修が必要である。)

㈤キャリアプランニング能力

○「キャリアフランニング能力」*2は、「働くこと」の意義を理解し、自らが果たすべき様々な立場や役割との関連を踏まえて「働くこと」を位置付け、多様な生き方に関する様々な情報を適切に取捨選択・活用しながら、自ら主体的に判断してキャリアを形成していく力である。(＊2「プランニング」は単なる計画の立案や設計だけでなく、それを実行し、場合によっては修正しながら実現していくことを含むものである。)

○この能力は、社会人・職業人として生活していくために生涯にわたって必要となる能力である。具体的な要素としては、例えば、学ぶこと・働くことの意義や役割の理解、多様性の理解、将来設計、選択、行動と改善等が挙げられる。

5　小学校学習指導要領

2017(平成29)年3月告示

第1章　総則

第1　小学校教育の基本と教育課程の役割

1　各学校においては，教育基本法及び学校教育法その他の法令並びにこの章以下に示すところに従い，児童の人間として調和のとれた育成を目指し，児童の心身の発達の段階や特性及び学校や地域の実態を十分考慮して，適切な教育課程を編成するものとし，これらに掲げる目標を達成するよう教育を行うものとする。

第4　児童の発達の支援

1　児童の発達を支える指導の充実

教育課程の編成及び実施に当たっては，次の事項に配慮するものとする。

⑴学習や生活の基盤として，教師と児童との信頼関係及び児童相互のよりよい人間関係を育てるため，日頃から学級経営の充実を図ること。また，主に集団の場面で必要な指導や援助を行うガイダンスと，個々の児童の多様な実態を踏まえ，一人一人が抱える課題に個別に対応した指導を行うカウンセリングの双方により，児童の発達を支援すること。

あわせて，小学校の低学年，中学年，高学年の学年の時期の特長を生かした指導の工夫を行うこと。

⑵児童が，自己の存在感を実感しながら，よりよい人間関係を形成し，有意義で充実した学校生活を送る中で，現在及び将来における自己実現を図っていくことができるよう，児童理解を深め，学習指導と関連付けながら，生徒指導の充実を図ること。

⑶児童が，学ぶことと自己の将来とのつながりを見通しながら，社会的・職業的自立に向けて必要な基盤となる資質・能力を身に付けていくことができるよう，特別活動

を要としつつ各教科等の特質に応じて，キャリア教育の充実を図ること。

第6章　特別活動

第1　目　標

集団や社会の形成者としての見方・考え方を働かせ，様々な集団活動に自主的，実践的に取り組み，互いのよさや可能性を発揮しながら集団や自己の生活上の課題を解決することを通して，次のとおり資質・能力を育成することを目指す。

⑴多様な他者と協働する様々な集団活動の意義や活動を行う上で必要となることについて理解し，行動の仕方を身に付けるようにする。

⑵集団や自己の生活，人間関係の課題を見いだし，解決するために話し合い，合意形成を図ったり，意思決定したりすることができるようにする。

⑶自主的，実践的な集団活動を通して身に付けたことを生かして，集団や社会における生活及び人間関係をよりよく形成するとともに，自己の生き方についての考えを深め，自己実現を図ろうとする態度を養う。

第2　各活動・学校行事の目標及び内容

〔学級活動〕

1　目　標

学級や学校での生活をよりよくするための課題を見いだし，解決するために話し合い，合意形成し，役割を分担して協力して実践したり，学級での話合いを生かして自己の課題の解決及び将来の生き方を描くために意思決定して実践したりすることに，自主的，実践的に取り組むことを通して，第1の目標に掲げる資質・能力を育成することを目指す。

2　内　容

1の資質・能力を育成するため，全ての学年において，次の各活動を通して，それぞれの活動の意義及び活動を行う上で必要となることについて理解し，主体的に考えて実践できるよう指導する。

⑴学級や学校における生活づくりへの参画（略）

⑵日常の生活や学習への適応と自己の成長及び健康安全（略）

⑶一人一人のキャリア形成と自己実現

ア　現在や将来に希望や目標をもって生きる意欲や態度の形成

学級や学校での生活づくりに主体的に関わり，自己を生かそうとするとともに，希望や目標をもち，その実現に向けて日常の生活をよりよくしようとすること。

イ　社会参画意識の醸成や働くことの意義の理解

清掃などの当番活動や係活動等の自己の役割を自覚して協働することの意義を理解し，社会の一員として役割を果たすために必要となることについて主体的に考えて行動すること。

ウ　主体的な学習態度の形成と学校図書館等の活用

学ぶことの意義や現在及び将来の学習と自己実現とのつながりを考えたり，自主的に学習する場としての学校図書館等を活用したりしながら，学習の見通しを立て，振り返ること。

3　内容の取扱い

(2) 2の(3)の指導に当たっては，学校，家庭及び地域における学習や生活の見通しを立て，学んだことを振り返りながら，新たな学習や生活への意欲につなげたり，将来の生き方を考えたりする活動を行うこと。その際，児童が活動を記録し蓄積する教材等を活用すること。

6　中学校学習指導要領

2017（平成29）年3月告示

第1章　総則

第1　中学校教育の基本と教育課程の役割

1　各学校においては，教育基本法及び学校教育法その他の法令並びにこの章以下に示すところに従い，生徒の人間として調和のとれた育成を目指し，生徒の心身の発達の段階や特性及び学校や地域の実態を十分考慮して，適切な教育課程を編成するものとし，これらに掲げる目標を達成するよう教育を行うものとする。

第4　生徒の発達の支援

1　生徒の発達を支える指導の充実

教育課程の編成及び実施に当たっては，次の事項に配慮するものとする。

(1)学習や生活の基盤として，教師と生徒との信頼関係及び生徒相互のよりよい人間関係を育てるため，日頃から学級経営の充実を図ること。また，主に集団の場面で必要な指導や援助を行うガイダンスと，個々の生徒の多様な実態を踏まえ，一人一人が抱える課題に個別に対応した指導を行うカウンセリングの双方により，生徒の発達を支援すること。

(2)生徒が，自己の存在感を実感しながら，よりよい人間関係を形成し，有意義で充実した学校生活を送る中で，現在及び将来における自己実現を図っていくことができるよう，生徒理解を深め，学習指導と関連付けながら，生徒指導の充実を図ること。

(3)生徒が，学ぶことと自己の将来とのつながりを見通しながら，社会的・職業的自立に向けて必要な基盤となる資質・能力を身に付けていくことができるよう，特別活動を要としつつ各教科等の特質に応じて，キャリア教育の充実を図ること。その中で，生徒が自らの生き方を考え主体的に進路を選択することができるよう，学校の教育活動全体を通じ，組織的かつ計画的な進路指導を行うこと。

第5章　特別活動

第1　目　標

集団や社会の形成者としての見方・考え方を働かせ，様々な集団活動に自主的，実践的に取り組み，互いのよさや可能性を発揮しながら集団や自己の生活上の課題を解決することを通して，次のとおり資質・能力を育成することを目指す。

(1)多様な他者と協働する様々な集団活動の意義や活動を行う上で必要となることについて理解し，行動の仕方を身に付けるようにする。

(2)集団や自己の生活，人間関係の課題を見いだし，解決するために話し合い，合意形成を図ったり，意思決定したりすることができるようにする。

⑶自主的，実践的な集団活動を通して身に付けたことを生かして，集団や社会における生活及び人間関係をよりよく形成するとともに，人間としての生き方についての考えを深め，自己実現を図ろうとする態度を養う。

第２　各活動・学校行事の目標及び内容

〔学級活動〕

１　目　標

学級や学校での生活をよりよくするための課題を見いだし，解決するために話し合い，合意形成し，役割を分担して協力して実践したり，学級での話合いを生かして自己の課題の解決及び将来の生き方を描くために意思決定して実践したりすることに，自主的，実践的に取り組むことを通して，第１の目標に掲げる資質・能力を育成することを目指す。

２　内　容

１の資質・能力を育成するため，全ての学年において，次の各活動を通して，それぞれの活動の意義及び活動を行う上で必要となることについて理解し，主体的に考えて実践できるよう指導する。

⑴学級や学校における生活づくりへの参画（略）

⑵日常の生活や学習への適応と自己の成長及び健康安全（略）

⑶一人一人のキャリア形成と自己実現

ア　社会生活，職業生活との接続を踏まえた主体的な学習態度の形成と学校図書館等の活用

現在及び将来の学習と自己実現とのつながりを考えたり，自主的に学習する場としての学校図書館等を活用したりしながら，学ぶことと働くことの意義を意識して学習の見通しを立て，振り返ること。

イ　社会参画意識の醸成や勤労観・職業観の形成

社会の一員としての自覚や責任をもち，社会生活を営む上で必要なマナーやルール，働くことや社会に貢献することについて考えて行動すること。

ウ　主体的な進路の選択と将来設計

目標をもって，生き方や進路に関する適切な情報を収集・整理し，自己の個性や興味・関心と照らして考えること。

３　内容の取扱い

⑵２の⑶の指導に当たっては，学校，家庭及び地域における学習や生活の見通しを立て，学んだことを振り返りながら，新たな学習や生活への意欲につなげたり，将来の生き方を考えたりする活動を行うこと。その際，生徒が活動を記録し蓄積する教材等を活用すること。

7　高等学校学習指導要領

2018（平成30）年３月告示

第１章　総則

第１款　高等学校教育の基本と教育課程の役割

４　学校においては，地域や学校の実態等に応じて，就業やボランティアに関わる体験的な学習の指導を適切に行うようにし，勤労の尊さや創造することの喜びを体得させ，望ましい勤労観，職業観の育成や社会奉仕の精神の涵（かん）養に資するものとする。

第２款　教育課程の編成

３　教育課程の編成における共通的事項

⑴各教科・科目及び単位数等

オ　学校設定教科

㈠学校においては，学校設定教科に関する科目として「産業社会と人間」を設けることができる。この科目の目標，内容，単位数等を各学校において定めるに当たっては，産業社会における自己の在り方生き方について考えさせ，社会に積極的に寄与し，生涯にわたって学習に取り組む意欲や態度を養うとともに，生徒の主体的な各教科・科目の選択に資するよう，就業体験活動等の体験的な学習や調査・研究などを通して，次のような事項について指導することに配慮するものとする。

㋐社会生活や職業生活に必要な基本的な能力や態度及び望ましい勤労観，職業観の育成

㋑我が国の産業の発展とそれがもたらした社会の変化についての考察

㋒自己の将来の生き方や進路についての考察及び各教科・科目の履修計画の作成

⑺キャリア教育及び職業教育に関して配慮すべき事項

ア　学校においては，第５款の１に示すキャリア教育及び職業教育を推進するために，生徒の特性や進路，学校や地域の実態等を考慮し，地域や産業界等との連携を図り，産業現場等における長期間の実習を取り入れるなどの就業体験活動の機会を積極的に設けるとともに，地域や産業界等の人々の協力を積極的に得るよう配慮するものとする。

イ　普通科においては，生徒の特性や進路，学校や地域の実態等を考慮し，必要に応じて，適切な職業に関する各教科・科目の履修の機会の確保について配慮するものとする。

ウ　職業教育を主とする専門学科においては，次の事項に配慮するものとする。

㈦職業に関する各教科・科目については，実験・実習に配当する授業時数を十分確保するようにすること。

㈠生徒の実態を考慮し，職業に関する各教科・科目の履修を容易にするため特別な配慮が必要な場合には，各分野における基礎的又は中核的な科目を重点的に選択し，その内容については基礎的・基本的な事項が確実に身に付くように取り扱い，また，主として実験・実習によって指導するなどの工夫をこらすようにすること。

エ　職業に関する各教科・科目について

は，次の事項に配慮するものとする。

(ア)職業に関する各教科・科目については，就業体験活動をもって実習に替えることができること。この場合，就業体験活動は，その各教科・科目の内容に直接関係があり，かつ，その一部としてあらかじめ計画し，評価されるものであることを要すること。

第５款　生徒の発達の支援

１　生徒の発達を支える指導の充実

教育課程の編成及び実施に当たっては，次の事項に配慮するものとする。

(1)学習や生活の基盤として，教師と生徒との信頼関係及び生徒相互のよりよい人間関係を育てるため，日頃からホームルーム経営の充実を図ること。また，主に集団の場面で必要な指導や援助を行うガイダンスと，個々の生徒の多様な実態を踏まえ，一人一人が抱える課題に個別に対応した指導を行うカウンセリングの双方により，生徒の発達を支援すること。

(2)生徒が，自己の存在感を実感しながら，よりよい人間関係を形成し，有意義で充実した学校生活を送る中で，現在及び将来における自己実現を図っていくことができるよう，生徒理解を深め，学習指導と関連付けながら，生徒指導の充実を図ること。

(3)生徒が，学ぶことと自己の将来とのつながりを見通しながら，社会的・職業的自立に向けて必要な基盤となる資質・能力を身に付けていくことができるよう，特別活動を要としつつ各教科・科目等の特質に応じて，キャリア教育の充実を図ること。その中で，生徒が自己の在り方生き方を考え主体的に進路を選択することができるよう，学校の教育活動全体を通じ，組織的かつ計画的な進路指導を行うこと。

(4)学校の教育活動全体を通じて，個々の生徒の特性等の的確な把握に努め，その伸長を図ること。また，生徒が適切な各教科・科目や類型を選択し学校やホームルームでの生活によりよく適応するとともに，現在及び将来の生き方を考え行動する態度や能力を育成することができるようにすること。

第５章　特別活動

第１　目　標

集団や社会の形成者としての見方・考え方を働かせ，様々な集団活動に自主的，実践的に取り組み，互いのよさや可能性を発揮しながら集団や自己の生活上の課題を解決することを通して，次のとおり資質・能力を育成することを目指す。

(1)多様な他者と協働する様々な集団活動の意義や活動を行う上で必要となることについて理解し，行動の仕方を身に付けるようにする。

(2)集団や自己の生活，人間関係の課題を見いだし，解決するために話し合い，合意形成を図ったり，意思決定したりすることができるようにする。

(3)自主的，実践的な集団活動を通して身に付けたことを生かして，主体的に集団や社会に参画し，生活及び人間関係をよりよく形成するとともに，人間としての在り方生き方についての自覚を深め，自己実現を図ろうとする態度を養う。

第２　各活動・学校行事の目標及び内容

〔ホームルーム活動〕

１　目　標

ホームルームや学校での生活をよりよくするための課題を見いだし，解決するために話し合い，合意形成し，役割を分担して協力して実践したり，ホームルームでの話合いを生かして自己の課題の解決及び将来の生き方を描くために意思決定して実践したりすることに，自主的，実践的に取り組むことを通して，第１の目標に掲げる資質・能力を育成することを目指す。

２　内　容

１の資質・能力を育成するため，全ての学年において，次の各活動を通して，それぞれの活動の意義及び活動を行う上で必要となることについて理解し，主体的に考えて実践できるよう指導する。

⑴ホームルームや学校における生活づくりへの参画（略）

⑵日常の生活や学習への適応と自己の成長及び健康安全（略）

⑶一人一人のキャリア形成と自己実現

ア　学校生活と社会的・職業的自立の意義の理解 現在及び将来の生活や学習と自己実現とのつながりを考えたり，社会的・職業的自立の意義を意識したりしながら，学習の見通しを立て，振り返ること。

イ　主体的な学習態度の確立と学校図書館等の活用

自主的に学習する場としての学校図書館等を活用し，自分にふさわしい学習方法や学習習慣を身に付けること。

ウ　社会参画意識の醸成や勤労観・職業観の形成

社会の一員としての自覚や責任をもち，社会生活を営む上で必要なマナーやルール，働くことや社会に貢献することについて考えて行動すること。

エ　主体的な進路の選択決定と将来設計

適性やキャリア形成などを踏まえた教科・科目を選択することなどについて，目標をもって，在り方生き方や進路に関する適切な情報を収集・整理し，自己の個性や興味・関心と照らして考えること。

３　内容の取扱い

⑵内容の⑶の指導に当たっては，学校，家庭及び地域における学習や生活の見通しを立て，学んだことを振り返りながら，新たな学習や生活への意欲につなげたり，将来の在り方生き方を考えたりする活動を行うこと。その際，生徒が活動を記録し蓄積する教材等を活用すること。

〈執筆者紹介〉

望月　由起（もちづき・ゆき）

日本大学文理学部教育学科教授

2004年、お茶の水女子大学大学院人間文化研究科博士後期課程単位取得満期退学。2005年、博士（学術）Ph. D. in Sociology。2004年、横浜国立大学専任講師・准教授、2010年、お茶の水女子大学准教授、2015年、昭和女子大学准教授等を経て、2019年より現職。

著書に『進路形成に対する「在り方生き方指導」の功罪』（単著、東信堂）、『現代日本の私立小学校受験』（単著、学術出版会）、『特別活動・総合的学習の理論と指導法』（共著、弘文堂）、『平等の教育社会学』（共著、勁草書房）等。国立教育政策研究所「キャリア教育に関する総合的研究」委員、日本学生支援機構「大学等における学生支援の取組状況に関する調査」「学生生活調査」委員、教職員支援機構「キャリア教育指導者養成研修」講師等も務める。

学生・教員・研究者に役立つ
進路指導・キャリア教育論
―教育社会学の観点を交えて

2021年４月10日　初版第１刷発行
著　　者　望月　由起
発 行 人　花岡　萬之
発 行 所　学事出版株式会社
〒101-0021　東京都千代田区外神田2-2-3
電話　03-3255-5471
HPアドレス　https://www.gakuji.co.jp/
編集担当　二井　豪
デザイン・印刷・製本　研友社印刷株式会社

ISBN 978-4-7619-2689-2　C3037